Service & Image Making

서비스와 이미지메이킹

이향정 · 강미라 공저

백산출판사
BAEKSAN Publishing

머 리 말

우리는 21세기를 지칭하여 정보화시대, 글로벌시대, 첨단과학의 시대 등을 외치지만 저자는 서비스(Service)의 시대라고 말하고 싶다. 이제는 서비스를 빼고는 어떠한 산업도, 기업도, 모든 직업도 롱런(long-run)할 수 없기 때문이다.

일반 서비스업 및 상품이나 기업의 브랜드를 내거는 업종뿐만 아니라 정치인, 가수, 택시운전, 병원, 관공서… 등등 모든 업종에서 서비스에 대해 간과할 수 없기 때문이다.

그래서 많은 기업 및 우수 기관, 학교에서 서비스의 중요성을 깨닫고 교육에 대한 모든 투자를 아끼지 않고 있는 것이다.

또한 서비스와 더불어 중요한 것이 이미지(Image)이다.

한 번 만나면 두 번 만나고 싶고 볼수록 닮아가고 싶은 사람이 있다. 그것을 결정짓는 것이 바로 이미지이다.

이제는 IQ와 EQ에 이어 사람의 능력 평가하는 BQ(Brilliant quotient)가 새로운 척도로 자리잡았다.

2005년 하버드 기업관리 컨설턴트사가 직장인을 대상으로 조사하여 발표한 것이 시초가 된 것으로 인간이 내적 · 외적으로 얼마나 뛰어난지를 보여주는 지수이다. 지능(Brain)과 아름다움(Beauty) · 행동력(Behavior) 등 3B를 합하여 수치화한 것으로 이제는 자기분야에 대한 전문지식이나 지적능력 뿐만 아니라 자신을 외적으로도 가꾸고 행동하는 것이 중요한 인간관계의 중요한 요인이라는 것이다.

그러므로 자신의 긍정적인 이미지를 부각시키고, 부정적인 이미지를 개선시켜 호감가는 이미지로 가꾸는 이미지 메이킹이 성공적인 인간관계를 위한 필수적인 요소라는 것이다.

본 교재는 서비스 및 이미지 메이킹에 대한 기초적 학습서로서 서비스에 대한 이해와 서비스 마인드를 확립하고 자신의 분야에서 아름답고 멋있는 이미지를 설정할 수 있도록 이끌어 줄 것이다.

본 교재는 크게 3Part로 구성하였다. 1편은 서비스의 전반적인 이해, 2편은 이미지 메이킹의 이해를 다루었으며, 마지막 3편에서 서비스 맨과 이미지 메이킹으로 나누어 세부적으로 관련된 내용을 학습하도록 구성하였다.

이제 자신이 가지고 있는 매력과 능력을 단연 돋보이게 하여 이미지 브랜드 셋업(Set-up)을 위한 방향설정에 좋은 지침서가 될 것으로 믿는다.

여러분의 삶을 멋있고 자신있게 가꾸어 성공적인 사회생활의 길로 나아가는데 많은 도움이 되길 바라며...

2009년 2월

저자 일동

목 차

제1부
서비스의 이해

제2부
이미지 메이킹의 이해

제3부
서비스 맨과 이미지 메이킹

Part 1

서비스의 이해

Image Making

Chapter

1 서비스

1. 서비스 정의

서비스의 개념은 19C 중반부터 1930년대 시기에 이르러 경제학자 사이에 '모든 경제활동은 생산적이며 또한 모든 생산활동은 곧 서비스'로 파악하는 견해가 주류를 형성하며 서비스에 대한 논쟁이 종료된다. 이후 1930년~1970년대에 와서 피셔와 클라크는 경제발전의 진행과 더불어 대두되는 3대 주요문제, 즉 성장 · 생산성 · 고용을 논의하며 서비스에 좀 더 정확한 의미를 부여했다. 특이할 만한 이들의 공헌은 서비스의 특징과 분류에 노력을 경주한 점이다. 이는 바로 미래학자 벨이 주장한 후기 산업사회의 태동으로 연결되며 서비스 부문이 경제에 공헌할 수 있다는 믿음을 주게 된다.

서비스는 복잡하고 광범위한 현상이므로 간단하게 이해하기 어렵다. 서비스 기업도 서비스와 제품의 혼합된 패키지로 제공하는 것이 보통이며 서비스와 제품의 경계조차 명확하지 않은 경우가 많다. 우선 서비스에 대한 다양한 정의를 들어 보기로 한다.

- 미국 마케팅협회(1960) : 서비스란 판매를 위하여 제공되거나 혹은 상품 판매에 수반되는 활동으로 통신, 수송, 이용객서비스, 수선 및 정비서비스, 신용평가업 등을 말한다.
- 레이건(1963) : 서비스는 직접 만족을 주는 무형상품(수송, 주거), 혹은 다른 제품및 서비스(신용, 상품인도), 그리고 구매와 연계되어 만족을 제공하는 무형상품을 지칭한다.
- 라스멜(1966) : 서비스의 특성과 관련하여 서비스란 시장에서 판매되는 무형의 제품으로 정의를 내리고 있으며 손으로 만질 수 있는지 없는지에 따라 유형의 상품, 무형의 상품으로 구분하였다.

- 베솜(1973) : 자신이 수행할 수 없거나 하지 않는 활동, 만족, 그리고 혜택으로서 판매될 수 있는 것을 말한다.
- 베리(1980) : 제품은 유형물, 고안물, 객관적 실체인 반면 서비스는 무형활동이나 노력이다. 그러므로 '구매하는 대상의 본질'이 유형적 혹은 무형적인가 여부로 판단해야 한다.
- 레티넨(1983) : 고객만족을 제공하려는 고객접촉 인력이나 장비의 상호작용 결과 일어나는 활동, 혹은 일련의 활동을 말한다.
- 앤더슨(1983) : 서비스는 직접 또는 간접 구매되는 무형의 혜택(benefits)이며 유형적이거나 기술적 부분을 포함한다.
- 구메슨(1987) : 서비스는 매매 가능하지만 형태가 없는 것이다.
- 코틀러(1988) : 서비스는 일방이 타인에게 제공할 수 있는 활동이나 혜택으로서 무형적이며 소유될 수 없는 것이다. 서비스 생산은 유형적 제품과 연계될 수 있으나 그렇지 않을 수도 있다.

이상의 다양한 서비스에 대한 정의는 각각 장·단점을 가지며 상호보완적이므로 이를 종합하여 공통되는 점을 추출하면 다음과 같은 결론을 얻을 수 있다. 우선 서비스는 '무형성'을 갖는다. 그리고 여기에 '인적 요소'가 강하다는 다른 특징을 추가시키면 다음의 정의가 가능하다.

"서비스 제공자 입장에서는 부가가치의 본질, 그리고 고객 입장에서는 구매하는 상품의 본질이 무형적인 동시에 서비스 창출 및 제공과정과 고객의 서비스 인지에서 인적 요인이 강하게 작용하는 것이 바로 서비스(활동)이다."

2. 서비스 범위

서비스의 범위는 학자에 따라 다양한 견해를 보이고 있다. 본 내용에서는 서비스 산업 중에서도 대표적 서비스 산업인 관광서비스 산업 위주의 범위를 살펴보도록 하자.

1) 외국 관광서비스 사업의 범위

Gee 학자의 관광객을 중심으로 한 관광사업의 범주 내용을 보면 [그림 1-1]과 같다. 즉 관광 사업내의 하부사업·조직이 다른 하부사업·조직과 관광객에게 어떻게 관련되는가를 이해시키고 있다. 하부사업·조직들이 관광사업의 구성부문이 되고 직접서비스 제공자(direct providers), 지원 서비스(support service) 및 개발조직(development organizations)으로 나타낼 수 있다.

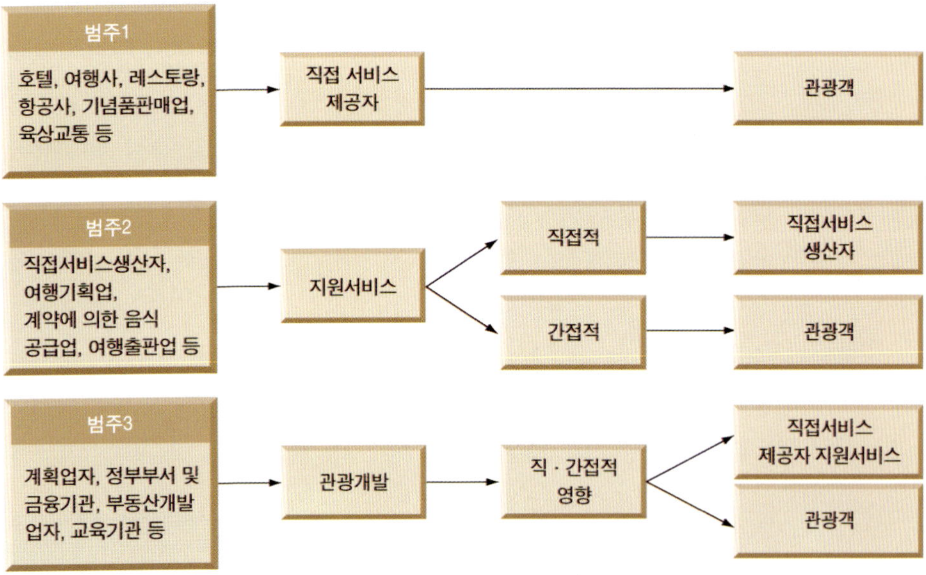

[그림 1-1] Gee의 관광서비스 산업 범위 및 관련도

자료 : Chuck Y. Gee, James C. Makerns, and Dexter J. L, Choy(1989)

제1의 범주인 직접서비스 제공자는 항공사, 호텔, 육상교통, 여행사, 레스토랑, 소매점포 등과 같은 일반적으로 관광과 연결된 사업을 포함한다. 이러한 사업은 직접 관광객들에게 소비되고 구매되는 서비스, 활동 및 제품을 제공하는데 관광객들에게 소비되고 구매되는 서비스, 활동 및 제품을 제공하며 관광객들에게 보여 지는 분야를 나타내고 있다.

제2의 범주인 지원서비스는 여행기획업자(tour organizers), 관광 및 업계 출판물, 관광조사기업 등과 같은 전문화된 서비스 형태를 갖춘 기업을 포함하고 있다. 그리고 외주계약에 의한 세탁서비스(contract laundry)와 음식공급서비스(contract food services) 등과 같은 고객에게 간접적으로 제공하는 사업도 포함하고 있다.

제3의 범주인 관광개발조직은 계획업자(planner), 정부기관, 금융기관, 부동산 개발업자, 그리고 교육 및 직업훈련 기관 등이 포함된다. 이러한 조직은 관광개발을 취급하고 있는데 업무의 성격상 순간적인 관광서비스 생산업무보다는 복잡하고 그 영역이 매우 넓다. 관광개발에 관한 의사결정과 그것의 결과가 장기적인 이유로 인하여 순간적인 운영에 초점을 맞추고 있는 제1, 2의 범주와는 다르다.

결과적으로 제1의 범주에 속해 있는 사업은 재화나 서비스를 관광객에게 직접 제공하는 사업이며, 제2의 범주는 관광객에게는 간접적으로 제1의 범주에 속해 있는 기업에게는 직접적으로 재화나 서비스를 제공하는 관광사업이라 할 수 있다. 또한 제3의 범주는 관광객에게는 간접적으로 관광개발에는 직접적으로 재화나 서비스를 제공하는 사업으로 구분될 수 있다.

2) 한국 관광서비스 사업의 범위

우리나라 관광관련사업의 유형 및 범위는 관광 진흥법 제2장 제3조와 관광 진흥법 시행령 제2조에서 규정한 관광사업 유형의 세분화에서 볼 수 있다. 그 내용을 보면 아래와 같다.

(1) 여행업

여행자 또는 운송시설, 숙박시설등 기타 여행에 부수되는 시설의 경영자 등을 위하여 당해 시설 이용의 알선이나 계약 체결의 대리, 여행에 관한 안내 기타 여행의 편의를 제공하는 업으로서 일반여행업, 국외여행업, 국내여행업으로 구분하고 있다.

(2) 관광숙박업

관광숙박업은 관광객의 숙박에 적합한 시설을 갖추어 이를 관광객에게 제공하거나 숙박에 부수되는 음식·운동·오락·휴양·공연·연수에 적합한 시설 등을 함께 갖추어 이를 이용하게 하는 호텔업과 관광객의 숙박과 취사에 적합한 시설을 갖추어 이를 당해 시설의 회원·공유자·관광객에게 제공하거나 숙박에 부수되는 음식·운동·오락·휴양·문화·예술 또는 레저 등에 적합한 시설을 갖추어 이를 관광객에게 이용하게 하는 휴양콘도미니엄업으로 구분된다. 또한 호텔업은 관광호텔업(종합관광호텔업, 일반관광호텔업)과 수상 관광호텔업, 가족 호텔업으로 세분화되어 있다.

(3) 관광객 이용 시설업

관광객을 위하여 음식·운동·오락·휴양·문화·예술 또는 레저 등에 적합한 시설을 갖추어 이를 관광객에게 이용하게 하는 업과 대통령령이 정하는 2종 이상의 시설과 관광숙박업의 시설 등을 함께 갖추어 이를 회원이나 관광객에게 이용하게 하는 업으로 전문 휴양업과 종합 휴양업, 자동차 야영장업, 관광유람산업, 관광 공연장업, 외국인 전용 관광기념품판매업으로 구분된다.

(4) 국제회의업

국제회의업은 대규모 관광수요를 유발하는 국제회의 즉 세미나·토론회·전시회 등을 개최할 수 있는 시설을 설치하고 운영하며 국제회의의 계획·준비·진행 등의 업무를 위탁받아 대행하는 업이며, 국제회의시설업과 국제회의기획업으로 구분된다.

(5) 카지노업

전용영업장을 갖추고 주사위·트럼프·슬롯머신 등 특정한 기구 등을 이용하여 우연의 결과에 따라 특정인에게 재산상의 이익을 주고 다른 참가자에게 손실을 주는 행위 등을 하는 업이다.

(6) 유원 시설업

유기시설 또는 유기기구를 갖추어 이를 관광객에게 이용하게 하는 업이며, 종합유원 시설업, 일반유원 시설업, 기타 유원 시설업으로 구분하고 있다.

(7) 관광편의 시설업

관광편의 시설업은 동법 규정에 의한 관광사업 외에 관광 진흥에 이바지 할 수 있다고 인정되는 사업이나 시설 등을 운영하는 업을 의미하며, 관광 유흥 음식점업, 외국인전용 유흥 음식점업, 관광식당업, 시내순환관광업, 관광 사진업, 여객자동차 터미널 시설업, 관광 토속주 판매업으로 세분화된다.

이와 같이 우리나라 관광법규상 관광사업을 크게 7가지로 분류하여 설명하고 있으며 이것으로서 관광객의 관광활동에 따른 범주를 어느 정도 가늠할 수 있다. 그러나 시간의 변화에 따른 관광객의 욕구가 다양해지고 있기 때문에 구

[그림 1-2] 관광서비스 산업의 현상적 범위

체적으로 그 범위를 한정하여 나타내기란 그리 쉽지 않다.

한국의 관광법규상 관광관련 사업을 통합하여 관광산업의 현상적 범위를 [그림 1-2]와 같이 나타낼 수 있다.

3. 서비스의 종류

1) 서비스의 10 포인트

❶ smile : 서비스의 시작은 미소이다. 사람들은 즐겁고 명랑한 분위기를 선호한다. 자연스러운 미소는 자신의 일에 대한 자부심의 표현이며 자신의 기분을 좋게 할 뿐만 아니라 내부고객인 동료는 물론 궁극적으로는 고객을 향한 서비스를 열고 닫는 것이다.

❷ technique : 전문적으로 숙련된 기술이 필요하다. 기술은 오랜 기간 교육과 자신의 노력으로 갖출 수 있는 덕목이다.

❸ emotion : 서비스 맨은 단순한 서비스 제공이 아닌 고객으로 하여금 만족을 넘어서는 고객감동을 실현시켜야 한다. 서비스 맨은 감동을 만드는 창조의 사람들이다.

❹ rapidity : 고객은 기다림에 관대하지 않다. 맥도날드에서 실시한 고객 반응 연구에서 보면 햄버거를 주문 받으며 3초 이내에 음료를 권유 판매했을 때 94%의 고객이 수용하는데 반해, 5초 후에는 46% 이하로 저하되었다고 한다. 적절한 시기에 권유 판매하는 것은 적극적인 서비스이며 마케팅이기도 한다. 서비스는 적시의 타이밍이 가장 중요하다.

❺ sincerity : 고객은 상대가 예의바른 정중한 태도로 자신을 맞아주기를 기대한다. 그래서 개인의 특성을 고려한 '한 사람을 위한 서비스'가 강조되는 것이다. 언제가 처음과 같은 성실함을 서비스 만족의 기초이다. 성심

을 다한 마음이 담긴 서비스야 말로 서비스 맨이 이상으로 삼아야 하는 것이다.

❻ safety : 서비스 포인트 중의 하나가 고객의 안전이다. 주차장, 이동로 등 시설의 안전성에서부터 심리적 안전성까지를 포함한다. 세계 최대의 도박 도시라는 라스베가스의 치안이 세계 최고 수준이라는 것이 시사하는 것처럼 안전성은 영업의 전제 조건으로 중요하게 작용하는 것이다.

❼ security : 개인의 비밀을 보장하는 것은 불필요한 노출을 꺼리는 고객을 대상으로 하는 업체의 서비스와 VIP 마케팅의 기본이다. 아울러 비밀 유지는 서비스 맨의 기본적인 의무이기도 한 것이다. 서비스 맨은 업무 속성상 많은 사람을 대하게 되고 고객에 따라서는 이러한 것을 선호하는 경우가 있는 만큼 이에 대한 세심한 배려가 필요하다 하겠다.

❽ delicacy : 섬세하게 서비스하는 자세가 중요하다. 특히 호텔리어나 항공사 승무원의 경우 보여주는 서비스가 주를 이룬다. 손끝으로 만드는 서비스가 서비스의 질을 좌우한다.

❾ wisdom : 서비스조직 뿐 아니라 일상생활에서 지혜는 삶의 위기에서 구해주는 요술 방망이와 같은 것이다. 획일적이지 않은 서비스 분야에서는 필수 덕목이라 할 수 있다.

❿ attraction : 서비스 제공에 있어 서비스 맨은 자신만의 원칙을 고수하고 개성있는 매력을 갖추어야 한다. 이러한 것은 끊임없는 자기 계발과 관리로 이루어질 수 있다.

2) 서비스의 5 패턴(pattern)

❶ communication : 접객 매너를 바탕으로, 고객이 원하는 요구사항을 신속, 정확하게 제공함은 물론 고객의 잠재 욕구까지 끌어내어 만족시킬 수 있

는 서비스가 훌륭한 서비스 패턴이다. 이를 위해서는 고객과의 원활한 의사소통이 필요하다.

❷ convenience : 편리함을 제공하는 것이 서비스의 본질인 만큼 편리함이 결여된 상품은 판매하기 곤란하다. 상대를 향한 배려와 즐거움, 그리고 편리함을 제공하는 서비스의 시행을 도모하는 서비스 패턴을 의미한다.

❸ consulting : 고객의 입장에서 문제점과 의문점, 고충 해결을 위해 노력해야 한다. 고객의 의사결정을 돕고 고객도 인식하지 못하는 필요 사항까지 살필 수 있는 진정한 컨설팅을 위해서는 전문지식은 물론 업무와 관련하여 숙련된 노하우를 필요로 한다.

❹ merit : 서비스는 고객이 평가하는 것이다. '내가 최선을 다 했으니까..'가 아니라 고객이 유익했다는 느낌을 가질 수 있어야 한다. 고객에게 도움이 되지 않는 서비스의 효용가치는 무용지물인 만큼 가치 있는 서비스 창출을 위해 노력해야 한다. 무엇보다 고객을 우선하며 고객에게 유익하고 즐거웠다는 느낌을 전하는 것이 서비스이다.

❺ network : 고객을 창출하는 것보다 중요한 것이 고객 유지임을 인식하고 이를 실천할 수 있어야 한다. 고객과의 우호적인 관계를 구축하고, 관계 유지에 최선을 다하여 단골고객으로 만들 수 있도록 시스템을 구축하고 실행한다.

4. 서비스 특징

서비스 상품은 일반 제조업에서 제공하는 상품과는 달리 확연하게 다른 특성을 가지고 있다. 이들 특성을 크게 다음에 설명하는 특징으로 요약하여 설명할 수 있다.

1) 무형성

서비스 상품은 본질적으로 무형성의 특성을 가지고 있다. 서비스가 무형적이라는 것은 가시적이지 않으며 인지가 쉽지 않다는 것이다. 그러나 이는 완전히 무형적이 아니라 상대적으로 유형적 부분에 비해 무형적인 속성이 강하다는 것을 의미한다.

서비스는 무형적인 성향을 가지므로 서비스 자체의 설명도 어렵다. 제품을 소유를 전제로 하는 물재지만 서비스는 경험을 일시적으로 향유하게 된다. 이렇게 서비스는 물체가 아닌 활동이므로 성과 혹은 경험으로밖에 상품을 인지할 수 없다. 소유보다는 일시적 경험의 성격이 강해서 제품처럼 소유대상이 아닌 것이다. 이러한 '소유불가' 라는 특성은 소유 아닌 이전효과만 있음을 의미한다. 예를 들어 여행 서비스 이용 시에도 고객은 서비스 이용권을 부여받는 것이지 소유를 하는 것은 아니다. 또 영화관람 같은 감동이나 건강진단 같은 무형의 혜택을 소유할 수는 없다.

2) 생산과 소비의 동시성

생산 · 소비의 분리불가라는 또 다른 서비스 특성 때문에 서비스에서는 인적관리가 주요 이슈가 된다. 특히 인력집약적인 서비스에서 서비스품질은 서비스제공자와 고객 사이의 짧은 접촉시간 동안에 창조된다. 또 조직의 하위층에 위치하는 현장 서비스 담당자, 예를 들면 은행창구 직원이나 호텔 프론트 담당 직원이 조직 전체의 효과성의 주요 결정요인이 된다. 또한 서비스는 생산 · 소비의 동시발생으로 미리 서비스를 생산할 수 없으므로 사전 관리가 어렵고 시간의 제약을 강하게 받는다.

3) 소멸성(재고 불가능성)

서비스는 창조되고 수행될 때 상대의 혜택과 편익(benefit)이 발생한다. 그러나 문제는 저장해 두거나 재활용할 수 없다는 것이다. 제공자의 친절하고 밝은 표정과 인사, 행동에서 환영받는 듯한 유쾌함을 느꼈다 해도 그것은 그 순간일 뿐이다. 아울러 후속 태도나 동작에서 불쾌감을 느꼈다면 유쾌함을 사라지고 그 자리에 불쾌감이 들어서는 것이다. 예를 들어 단골고객이 왔는데 마침 바쁜 시간이어서 짧은 인사만을 하고, 시간이 지난 뒤 한가해진 틈을 타서 그때서야 할 수 없이 인사를 건네는 것은 서비스를 어렵게 만드는 이유로 작용할 수도 있다. 서비스는 이와 같이 제공되는 순간 사라지고, 기억만 남게 되는 것이다. 이러한 소멸성은 서비스를 일회용이면서 실수가 허용되지 않는 생방송이게 한다. 따라서 서비스의 수행은 '몸에 밴 예절'을 필요로 하는 것이다.

4) 고객의 참여성

제조업은 생산과 고객사이의 직접 접촉 기회가 적거나 거의 없는 경우가 대부분이지만 서비스는 고객접촉의 빈도가 많다. 물리적 접촉이 필요하거나 의사소통이 필요한 경우에 고객이 서비스 창출과 제공 과정에 참여하고 '공동 생산자'가 된다. 고객이 생산자원의 일부로서 서비스 창출의 일부 기능을 수행하는 것이다. 그러므로 공동생산자인 고객은 부분적인 직원 혹은 조직 인적 자원의 일부로 볼 수 있다. 병원에서 환자가 증상 설명을 하거나 슈퍼에서 고객이 직접 카트로 운반하고 카운터에서 협조하는 것이 그 예이다. 또 다른 예는 자판기 같은 자동화시설 이용시 참여하는 경우인데, 이때도 마찬가지로 조직의 인적자원 믹스의 일부로서 기능을 수행한다.

5) 이질성

서비스에서는 창출과 제공과정에서의 고객과 종업원 등 인적 요소가 서비스 결과의 이질성을 야기 시킨다. 서비스 제공자 측면에서 살펴보면 매일, 매 순간의 심리 상태와 감정이 다른 만큼 서비스 품질의 균일성이 확보되기 어려운 이질성을 갖는다. 또한 동일한 서비스도 고객에 따라 차이가 나는 것은 고객이 어떻게 서비스를 인지하는가, 혹은 서비스에 대한 기대가 무엇인가에 따라 다르기 때문이다. 최근 고객들의 욕구 다양화가 작용하면서 이질성은 심화되고 서비스 표준화의 장애요인이 된다. 그러나 본래 표준화된 서비스는 기준이 되면서도 다른 의미에서는 한계로 작용될 수 있는 기본적인 수준의 서비스일 뿐이다. 고품격 서비스는 개개인의 대응을 통해 실현되는 것이기에 서비스 맨의 수준이 서비스의 수준임을 인식해야 할 것이다. 훌륭한 서비스는 인간의 기능으로 좌우되며 이는 교육을 통해 고급화할 수 있다. 서비스에 인적요소가 개입된다는 것은 '제약요인'인 동시에 서비스를 '차별화'시킬 수 있다는 것이다. 고품질 서비스를 결정하는 것은 서비스 맨의 마인드와 태도이며 이는 경쟁자들이 극복할 수 없는 요인이 되는 것이다.

6) 유통경로의 다양성

대규모회의를 유치하는 컨벤션 회사의 경우 이들이 추천하는 호텔, 여행사, 관광지, 여행상품, 교통, 음식 등은 고객이 상품을 선택하는데 있어 커다란 영향을 미친다고 보면 된다. 왜냐하면 전문기획사들이 추천하는 상품을 크게 신뢰하기 때문이다. 일반 제조업의 경우 물리적인 유통시스템을 확보하고 있으나 특히 관광상품의경우에는 여행상품을 하나의 패키지로 판매하는 여행 도매업자에 의해 상품이 판매되며 이뿐만 아니라 기타 다양한 루트를 통해 상품이 판매되기도 한다.

6) 모방의 용이성

일반 제조업에서 생산되는 제품의 경우 특허권이 있거나 생산과정의 특수성으로 인해 쉽게 모방이 힘들뿐만 아니라 제품이 만들어지는 공장으로의 출입이 제한될 수 있다. 그러나 서비스 업종, 예를 들면 호텔의 경우 직접 고객이 호텔을 방문하여 친절한 종업원의 서비스를 모방하여 따라 할 수 있다. 또한 음식점의 경우에도 마찬가지로 고객은 자유스럽게 음식점을 방문하여 직접 음식을 만드는 과정을 보기는 힘들지만 음식의 맛이나 종업원의 친절한 서비스를 금방 모방해서 자신의 업종에 적용시킬 수 있다. 이는 자사의 핵심가치의 노출로 인하여 새로운 서비스 창조의 불가피성을 의미하기도 한다.

5. 서비스 접점

고객과 관련 있는 기업이 성공하려면 서비스 과정에 참여하는 서비스 제공자와 고객이 서로 대면하는 순간에 좌우된다고 해도 과언이 아니다. 아무리 우수한 서비스를 판매하는 종업원이 고객과 접촉하는 순간에 불친절한 모습을 보이면 고객은 제품을 구입하지 않는다. 이장에서는 서비스 접점의 중요성과 개념에 대해 알아보기로 하겠다.

1) 서비스 접점의 개념 : 진실의 순간(Moment of Truth)

서비스접점의 중요성을 인식한 나머지 이 분야에 많은 연구자들이 관심을 갖고 연구를 하기 시작했다. '진실의 순간'은 'Moment De La Verdod'의 영어식 표현으로 본래 스페인의 투우 경기에서 투우사인 마타도어와 소가 1:1로 맞선 순간을 의미하는 것으로 둘 중의 하나는 쓰러지게 되는 순간을 말하는 것이다. '결정적 순간', '피할 수 없는 순간', '실패가 허용되지 않는 순간'으로 불린다. 이를 스페인의 마케팅학자인 노먼이 '서비스 품질관리'에 처음 사용하여 '고객이 조직의 한부분과 만나는 접점으로써 서비스 제공 조직과 품질에 대해 인상을 각인하는 순간'으로 의미를 구축했다. 이를 확장하여 서비스 접점을 연구한 대표적인 연구자로는 솔로몬, 구트만 등을 들 수 있는데 이들은 서비스 접점을 '서비스 환경에 있어서 대인간의 직접적인 상호작용'으로 규정하여 서비스 접점의 중요성을 강조하였다. 특히 쇼스탁은 서비스 접점의 개념을 확대하여 "고객이 직접 서비스와 대면하는 동안의 시간"으로 정의하였다.

고객이 서비스를 좋게 평가해도 그것은 직전 경험이 좋았다는 것뿐이며, 한번 좋았다고 해서 영원한 고객이 될 것이라 생각하는 것은 커다란 착각이다. 서비스 기업은 하나하나의 진실한 순간을 통해 고객과의 관계를 강화해야 한다. 고객이 의사결정을 하는 중요한 시간이라는 의미와 함께 짧은 시간일지라도 고객에게 최선을 다하는 진실한 마음으로 전력을 경주하여 '진실의 순간'으로 고객에게 각인되어 자신에게 유리한 결정을 가능하게 하는 '결정적 순간'이

되게 하겠다는 마음가짐이야말로 서비스의 핵심요소로 작용하는 것이다.

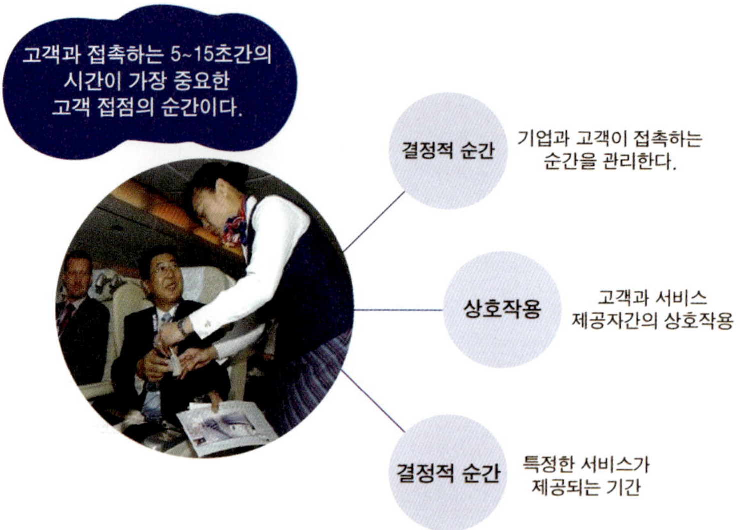

[그림 1-3] 고객 접점의 순간

넓은 의미	회사의 브랜드, 상품, 첫인상, 이미지, 광고, 전화, 인터넷과 직원의 서비스 수준의 모든 수단을 포함하여 고객이 회사의 서비스를 접하는 모든 순간을 말한다.
좁은 의미	서비스를 제공하는 직원이 고객과 대면하는 순간을 말한다.

[표 1-1] MOT의 의미

1) 결정적 순간의 뜻

- 기업의 특정 자원과 접촉하며 서비스의 품질을 인식하는데 미치는 상황을 말하며 이 말은 본래 투우에서 소의 숨통을 끊기 위해 마지막 일격을 가하게 되는 "결정적 순간"에서 힌트를 얻어 발전시킨 용어이다. 즉, 투우사가 소의 급소를 찌르는 순간을 말하는데, "피하려 해도 피할 수 없는 순간" 또는 "실패가 허용되지 않는 매우 중요한 순간"을 의미한다.
- MOT란 "Moment of Truth"의 약자로 "진실의 순간" 또는 "진실 된 순간"이라고 한다. 이 용어를 세계적으로 마케팅부분에서 가장 처음으로 사용한 사람은 스웨덴의 마케팅 학자 리차드 노만(Richard Norman)이다. 그 이전에는 고객과의 접촉(Encounter)에 적용되던 용어 중의 하나일 뿐이었다.

2) MOT의 유래

- 고객만족 경영의 성공적 실천자인 스칸디나비아 항공사의 얀 칼슨(Jan Carlzon)이 최 일선 종업원들의 서비스 질이 고객확보의 기획임을 강조하면서 고객 만족 이론의 핵심용어로 자리 잡게 되었다.
- 1986년, 스칸디나비아 항공사(SAS)의 이용 고객숫자는 1000만 명이었으며 한 고객이 티켓팅에서 기내에 탑승, 도착할 때까지 예약담당자, 티켓팅 담당자, 스튜어디스, 도착지의 직원 등 다섯 명의 직원과 접촉하게 됨을 알게 되었다. 그리고 1회의 접촉시간은 약 15초였고 1년 동안 고객과 항공사 직원사이에는 5천만번의 만남이 이루어지고 있었다. 5천만번의 만남이 어떻게 이루어지느냐에 따라서 회사의 경영성패가 좌우되는 것이었다. 그는 "고객을 순간에 만족시켜라" 역설하였다. 동시에 적자에 허덕이던 기업을 1년이 안된 시점에 흑자 기업으로 성공적으로 변모시키게 되었다.

3) 곱셈의 법칙

- 고객이 경험하는 서비스품질이나 만족도는 연속된 MOT에서 각 서비스의 매 순간 나타난다. 이때 연속된 MOT들은 곱셈의 법칙이 적용된다.
- 고객은 서비스를 경험할 때 서비스를 제공받기 전에 가지고 있던 기대와 비추어서 매 순간 만족과 불만족이 교차하게 되는데 매 순간이 연속은 덧셈이 아니라 곱셈의 법칙이 적용되기 때문에 급격하게 만족은 커진다.

4) 불만족 위험

- 수많은 접점의 순간마다 만족과 불만족이 교차되기 때문에 항상 불만족의 위험이 도사리고 있으며 서비스가 지향하는 고객만족을 위해서는 매사에 긴장을 늦출 수 없다. 또한 아무리 사소한 순간이라도 불만족이 나타난다면 모든 서비스 노력에 치명적인 손상을 주게 된다.

5) 결정적 순간의 사례

다음과 같은 사례에 등장하는 공항, 주차 안내원, 청소요원, 판매사원 등 모두 겨우 10초에서 20초가량의 대면에 불과하지만 이것이 고객 접점이고 결정적 순간이다.

리츠칼튼 호텔의 사례

리츠칼튼 호텔은 1992년 호텔업계 최초로 또한 지금까지 이 업계에서는 유일하게 말콤 볼드리지 국가품질 상을 수상했을 뿐 아니라, 1990년 이후 3번이나 미국 최고의 호텔 체인으로 선정되었으며, 1994년에는 "컨슈머 리포트"지에 의해 고급 호텔 부문에서 총체적인 고객만족도가 가장 높은 호텔로 평가된 바 있다.

호텔의 제왕 리츠칼튼의 사례가 주는 많은 교훈 중 특히 다음과 같은 2가지 사항은 초일류 서비스 조직의 공통점이다.

- 현장을 가장 잘 아는 사람은 일선 직원이다. 그들에게 권한을 부여하라. 오늘날 고객만족 경영을 표방하지 않는 조직은 찾아보기 힘들다. 그러나 민간기업의 고객 상담실이나 공공기관의 민원실과 같은 서비스 지원조직이 맡고 있는 주된 업무는 고객의 불평과 불만을 경영진에게 전달하는 일이다. 이것은 경영진이 고객의 목소리를 있는 그대로 듣고 필요한 조처를 취함과 아울러, 이러한 정보를 경영관리 개선에 반영하기 위한 것이다.

  그러나 서비스 지원조직의 역할이 단지 경영진에게 고객의 목소리를 전달하는 것이라면 고객의 불만처리에는 상당한 시간이 소요된다. 고객만족경영에 있어서 불만처리의 신속성은 매우 중요한 기준이다. 불만족한 고객이라도 자신의 불만이 신속하게 해결되면 충성된 단골고객으로 변한다. 흔히들 이것을 "고객만족 제1법칙"이라고 한다. 신속한 불만처리를 위한 리츠칼튼의 확고한 의지는 다음과 같은 업무지침에 잘 나타나 있다. "고객의 불만이나 불편을 접수한 직원은 자신의 업무영역이 아니더라도 직접 책임지고 조처한다. 동료직원이 고객의 불만해소나 요구충족을 위해 도움을 요청하면 자신이 맡은 업무가 무엇이든지 간에 반드시 협조해야 한다." 또한 리츠칼튼 호텔에서는 고객의 불만해소를 위해서라면 상사의 사전승인 없이도 2,000달러까지 지출할 수 있도록 종업원들에게 권한이 위임되어 있다.

  예를 들어 실수로 손님의 옷에 커피를 쏟았다면 직접 옷을 사주기도 하고, 객실 배정에 착오가 있었다면 정중한 사과의 의미로 포도주나 과일 바구니를 손님에게 선물할 수도 있다.

  이처럼 세계적 수준의 조직에서는 '고객과 현장을 가장 잘 아는 사람이 일선 직원이기 때문에 그들에게 마땅히 권한을 위임 한다'라는 서비스 철학을 갖고 있다. 리츠칼튼 호텔의 사례는 이러한 철학이 실제로 어떻게 구현되고 있는가를 잘 보여주고 있다

- 선행형 고객만족 시스템을 구축하라. 고객만족 경영에는 두 가지 유형의 방법론이 있다. 하나는 고객이 불만을 쉽게 토로할 수 있는 통로를 제공하는 것이다. 예를 들어 고객용 직통전화를 열어둔다든지 고객 상담실과 같이 고객의 불편이나 불만을 해결해 주기 위한 서비스 지원조직을 만드는 것이 여기에 속한다.

  이러한 방법은 기본적으로 '고객이 먼저 불만을 제기하면 필요한 사후조처를 해 주겠다'는 것이므로 '대응형 시스템'이라고 한다. 고객만족 제1법칙은 대응형 시스템의 중요성을 말해주고 있지만 여기서 한 가지 중요한 사실이 간과되기 쉽다. 일반적으로 불만이 있는 고객 중 자신의 불만을 공식적인 경로를 통해 해당 기업에 전달하는 사람은 전체의 5%에 불과하다.

  따라서 고객이 제기한 불만처리에만 관심을 둔다면 전체 고객 불만의 95%가 그대로 방치되고 만다. 이러한 '빙산의 일각' 현상을 극복하기 위해서는 고객이 말해주지 않더라도 잠재되어 있는 그들의 불만을 알아낼 수 있는 '선행형 시스템'이 필요하다.

  리츠칼튼 호텔의 '고객인지 프로그램'은 정보기술을 이용한 탁월한 선행형 시스템이다. 가령 알러지가 있는 손님이 고객 인지 프로그램에 등록되었다면, 세계 어느 곳에 있는 리츠칼튼 호텔에 투숙하게 되더라도 그가 머무르게 될 방의 욕실에는 무자극성 베이비 샴푸가 미리 놓여지게 된다. 이것은 '고객이 말해주지 않는 요구와 소망까지도 찾아내어 충족시킨다'는 리츠칼튼 호텔의 신조가 구호에 그치는 것이 아니라는 것을 입증해 준다.

[참고문헌] 박영택, 세계의 품질 선도 기업 8번째 리츠칼튼 호텔, 품질경영

2) 서비스 접점의 특성

고객서비스를 실천하는데 있어 무엇보다도 중요한 것은 서비스 접점의 특성을 이해해야 한다. 서비스 접점은 고객과 종업원이 조우하는 순간을 말한다. 이는 진실의 순간(Moment of Truth)으로 이득 서비스 접점에 대해 솔로몬, 구트만은 다음과 같은 4가지로 그 특성을 설명하고 있다.

❶ **양자관계이어야 한다** : 서비스 접점은 일방적으로 한쪽만의 관계가 아니라 쌍방이 하나의 양자관계를 분석단위로 하기 때문에 고객과 서비스 제공자인 종업원 모두가 참여해야 한다. 즉 서비스 접점이 성립되기 위해서는 쌍방의 관계가 있어야 한다는 의미이다.

❷ **상호작용이 되어야 한다** : 서비스기업 내에 훌륭한 시설을 갖추고 있다고 하더라도 고객에게 서비스를 제공하는 종업원과 고객이 상호작용을 하지 않고서는 서비스 접점이 성립될 수 없다. 이때, 종업원과 고객인 인간적인 상호작용을 함으로써 고객은 서비스에 만족을 할 수 있다. 특히 인적자원에 의존하는 호텔이나 외식산업의 경우 고객과 종업원간의 상호작용은 매우 중요하다.

❸ **역할수행이 되어야 한다** : 고객서비스를 잘 하려면 자신에 맞는 역할놀이를 잘 해야 한다. 고객을 감동시키는 것은 무대 위의 배우가 연기를 잘 해 관객을 감동시키는 것과 똑같다고 할 수 있다. 프로의 배우는 프로의 연기가 나오는 것이다. 이는 모두 역할놀이를 잘하기 때문에 각각의 맡은 역할을 연기하는 것이다. 마찬가지로 서비스산업체에 근무하는 사람, 예를 들면 택시기사, 프런트 클럭, 승무원 등은 그 타이틀 자체가 거기에 걸맞는 역할을 고객은 기대한다. 역할을 제대로 못하면 고객은 제대로 된 서비스를 받지 못했다고 생각을 할 수 있다.

❹ 사람과의 만남에서 이루어진다 : 사람과 사람, 즉 종업원과 고객 간의 만남이 주체가 된다. 따라서 서비스를 잘하는 종업원의 경우 고객과의 인간관계까지 중요시 여겨 고객을 서비스한다. 고객을 감동시키는 것은 물질적인 것도 중요하지만 무엇보다도 사람인 종업원의 친절한 서비스에 더 많은 감동을 받는다. 바로 이런 이유로 인해 감정이나 기분이 품질지각에 매개적 역할을 하는 것이다.

3) 서비스 접점의 유형

❶ 대면 서비스(direct service) : 서비스의 기본이 되는 것으로 현장에서 진행되며 고객과의 접점을 형성한다. 고객과의 직접 접촉을 하지 않는 반면 비대면 서비스와 달리 고객의 즉각적인 반응이 표출되는 1회성이 강한 서비스 접점의 방식이다.

❷ 메일 서비스(mail service) : 서비스는 인간의 정을 나누는 행위이다. 고객의 명함을 받아 D.M(Direct Mail), 엽서, 이메일 발송 등을 통해 관계를 유지하는 서비스 방식으로, 자신의 노력 여하에 따라 고객에게 지속적으로 다가갈 수 있다.

❸ 미디어 서비스(media service) : 전화 등 각종 통신 미디어를 이용하여 고객과의 관계를 유지하는 서비스 방식을 의미하며 시간과 노력의 소요가 상대적으로 적은 만큼 그 효과 역시 높지는 않다.

❹ 이미지 서비스(image service) : 판매하는 품목 외에도 업장의 시설, 집기, 비품, 직원의 복장과 태도, 조명, 배경음악, 색상 등은 업장의 분위기를 조성하는 바, 이와 관련한 사항을 연출함으로써 고객만족을 증대하는 서비스 접점 방식이다.

❺ 엘리트 서비스(elite service) : 고객은 누구나 대접받기를 원한다. 버틀러 서비스(buttler service), 일대일 서비스(one to one service), 퍼스널 터치

(personal touch) 등의 방법으로 고객을 대함으로써 고객에게 '순간 귀족'의 느낌을 제공하는 최고 수준의 서비스 접점 방식이다.

3) 서비스 접점 관리

(1) 접점서비스 관리의 개념

많은 서비스 기업들이 고객의 기대를 알기 위해 노력하고 있으며 서비스 경험을 바탕으로 시시각각 변하는 고객의 기대를 파악하고 고객의 관점에서 바람직한 서비스가 될 수 있도록 서비스에 유연성을 발휘 할 수 있어야 한다.

접점서비스를 관리하기 위해서는 고객과 상호작용을 하는 접객 종사원이 최종 의사 결정권자가 되어야 하며 접점 서비스 관리는 각 MOT의 연속에서 접객 종사원이 불만족 요인을 제거하고 만족을 이끌어 낼 수 있도록 해야 한다.

(2) 고객의 관점에 의한 MOT관리

서비스 종사원들은 접점서비스의 경험이 많을수록 고객의 욕구와 기대에 대해서 고객보다 더 잘 알고 있는 것으로 생각한다. 그렇지만 서비스 제공자와 고객의 시각이 일치하지 않는 경우가 많다.

(3) 고객접점서비스 관리제도

고객접점 서비스는 서비스 품질평가의 중요한 요소이므로 서비스 기업은 제도를 고객접점서비스 관리를 위해 사용하고 있다.

고객 접점서비스 품질 평가는 크게 3가지 요소로 관리, 평가되어진다.

❶ 고객제안제도(VOC : Voice Of Customer)

'고객의 소리'라는 의미로 고객들이 이용하고 있는 서비스에 대한 전반적인 사항에 대한 의견을 전달할 수 있도록 하는 제도이다. 버스나 지하철 대중교통과 회사내의 VOC 제도가 폭넓게 활용되어지고 있다.

❷ 불편/불만 처리제

'관광불편신고'와 같은 고객들의 불편사항을 처리하는 제도로 고객이 제기한 불편이나 불만을 원활하게 해결하기 위한 제도이다.

❸ 서비스평가제도

종사원의 서비스상태를 평가할 뿐만 아니라 평가요원이 종사원을 '자극'하게 된다. 제품 서비스 이후 담당부서의 모니터링 부서에서 서비스 경험을 하게 된 고객에게 평가를 받게 되는 경우가 이에 속한다.

서비스 평가제도

- 모니터링 : 가상 고객이 되어 대상 종사원 모르게 서비스 현장을 점검한다.
- 전문기관 이용 : 외부 전문기관과 계약하여 평가를 실시한다.
- 고객 서비스 팀 운용 : 고객 서비스 전담 부서를 설치하고 고객서비스 사항을 점검, 조사, 검토 후 최고 경영자에게 직접 보고 한다.

❹ 암행 평가

암행평가란 평가자가 손님으로 가장해 서비스 종사원이 모르게 서비스 수준을 평가하는 것을 말하며 미스터리 쇼핑(Mystery Shopping)이라는 신종 업종이 등장해 '미스터리 쇼퍼'라는 아르바이트 직종이 되었다.

Chapter 2 환대서비스

1. 환대서비스의 개념

환대서비스에 대한 개념을 이해하기에 앞서 환대라는 단어의 어원을 고찰해 볼 필요가 있다.

환대(Hospitality)라는 단어의 어원은 원래 라틴어의 Hospice 즉 "Place of Entertainment or of Shelter(위락이나 쉼터의 장소)"라는 의미에서 파생되었다고 할 수 있다. 오래 전부터 호텔이나 케이터링산업에서 대해서 환대산업이라는 용어가 사용된 것은 아니고 비교적 최근에 영국에서 사용되던 말이 점차 미국이나 유럽 쪽에서도 자연스럽게 받아들여지고 있다(Burgess, 1983).

환대서비스(Hospitality Service)라고 하는 것은 케이터링, 숙박, 여가 시설과 같은 상업적 설비와 관계있는 것이며 일반적으로 수입부서와 지출부서로 나뉘어서 분류하고 있다. 환대서비스에 제공되는 것은 유형적인 것과 무형적인 것으로 구성 되어져 있으며, 이것은 모두 고객이라고 하는 고객의 요구와 욕구를 충족시키기 위해 서비스 제공자가 관리하고 감독하고 있다.

서비스 제공자와 고객 사이의 상호관계는 아래의 그림에서 자세하고 쉽게 설명되어져 있다. 고객과 서비스 제공자의 관계는 바로 서비스가 제공되는 시점에서 발생하게 되는데, 즉 고객과 서비스 제공자라고 할 수 있는 종업원의 행동에 의해서 소비자 스스로가 서비스의 만족정도를 결정한다.

Nailon(1981)은 자신의 연구논문에서 주장하기를 대부분의 고객과 관련된 많은 문제점은 서비스 제공자와 소비자간의 결과에 대해서 충분하게 이해를 하지 못하기 때문에 발생한다고 하였다. Cassee(1983) 역시 Nailon의 주장에 대해서 동의를 하면서 고객의 행동과 환대서비스를 제공하는 제공자에 중점을 둔 경험적인 연구의 필요성을 제시하였다.

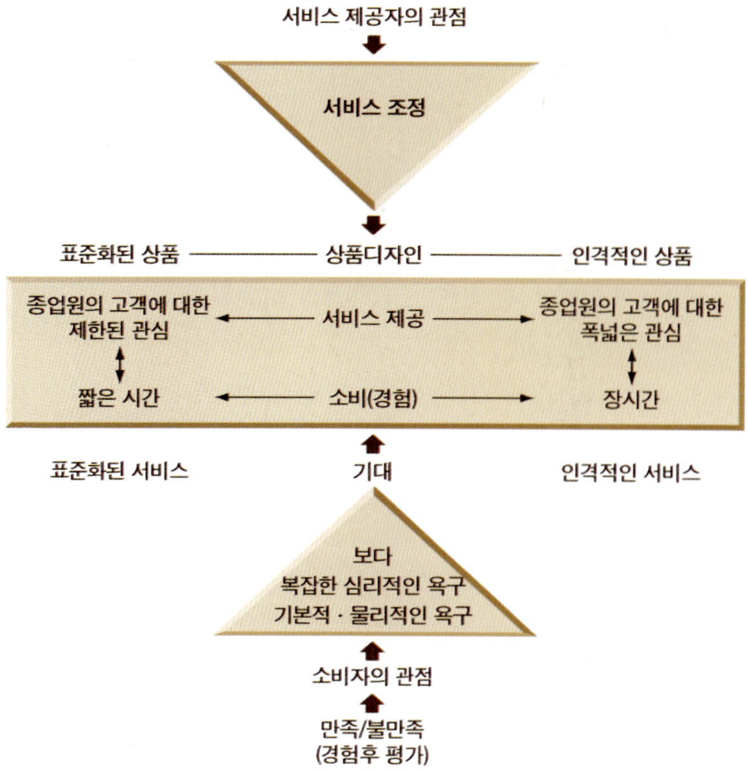

[그림 2-1] 환대서비스의 상호관계

자료 : Richard Teare, Luiz Moutinho, Neil Morgan, Managing and Marketing Service in the 1990s, Cassell Educational Limited Villiers House

2. 환대서비스의 구성

환대서비스가 현상적 범위 내에서 고객의 욕구를 충족시켜 주기 위해 가능한 제자원을 이용하여 유용한 기능의 행위를 다하는 것이라고 한다면, 이러한 환대서비스를 구성하고 있는 요소와 구조는 어떠한지를 알아본다.

1) 환대서비스의 기능적 요소

환대서비스가 형성되기 위해 갖추어야 할 요소들은 어떠한 것들이 있는가?

첫째, 환대서비스 상품을 구매 혹은 이용하거나 제공받아서 소비하는 고객이 있어야 한다. 고객은 환대서비스의 핵심 요소인 셈이다. 고객에게 아무리 훌륭한 서비스를 제공하여도 지속적으로 고객의 욕구에 충족되지 못하는 서비스 상품은 재구매의 효과를 누릴 수 없을 것이다. 고객이 존재하지 않으면 환대서비스는 성립될 수 없다.

둘째, 최 일선에서 고객에게 서비스를 제공하고 전달하는 접객종업원이다. 고객이 서비스의 질을 평가함에 있어 다양한 요인들에 의해서 평가되고 있으나 특히 고객을 직접적으로 맞이하는 종업원의 서비스는 매우 중요한 요인이 되고 있다. 따라서 접객종업원은 고객과 가장 밀착관계에 있으므로 고객지향의 서비스를 제공할 수 있도록 하여야 한다.

셋째, 환대서비스가 제공되기 위해서는 서비스시설, 기구 등과 같은 하드(Hard)적인 물리적 환경과 소프트(Soft)적인 기획, 전략, 조직 등을 갖춘 서비스 기업이 있어야 한다. 이러한 서비스 기업은 무엇보다 고객 위주의 서비스를 제공할 수 있도록 물리적 환경뿐만 아니라 전사적으로 종업원을 고객으로 보는 시각이 필요하다.

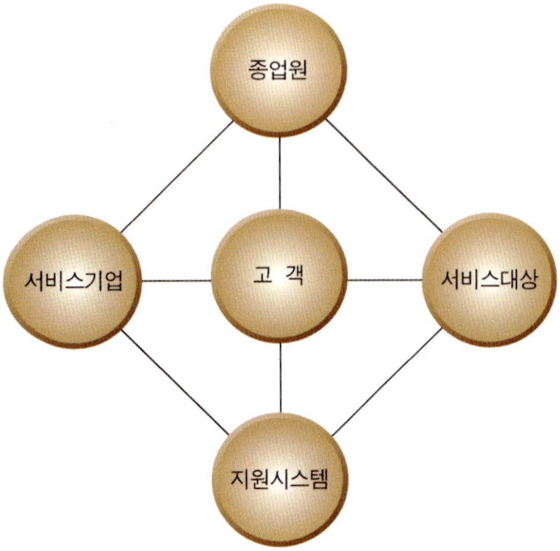

[그림 2-2] 환대서비스의 기능적 요소

넷째, 고객에게 환대서비스를 제공하기 위해서는 대상인 환대서비스매력물이 있어야 한다. 물론 기업이 소유하고 있는 호텔이나 리조트, 그리고 관광식당 등은 그 자체가 서비스매력물이 될 수 있으나 예를 들어 관광지에서의 관광안내서비스를 위해서는 관광 대상이라는 환대서비스 대상이 있어야 서비스가 이루어질 수 있다.

다섯째, 고객에게 서비스를 전달하기 위해서는 서비스에 필요한 지원 시스템이 형성 되어야만 한다. 아무리 좋은 여행상품과 인솔자가 있더라도 관광할 수 있는 여건이 조성되어 있지 않으면 환대서비스는 이루어질 수 없다. 즉 도로확보, 전기 공급, 상·하수도 등과 같은 관광을 위한 지원 시스템이 갖추어져야만 관광환대서비스가 이루어질 수 있다.

2) 환대서비스의 구조

앞서본 바와 같이 고객에게 환대서비스를 제공하여 운영되는 기업은 물리적인 환경 그 자체가 환대서비스가 될 수 있는가 하면, 고객에게 전달될 서비스를 생산하는 보이지 않는 부문 또한 환대서비스로서 매우 중요한 부분이다. 예를 들어 호텔식당에서 일품요리를 고객에게 제공하기 위해서는 고객이 직접 볼 수 없는 주방에서 훌륭한 맛과 정갈한 모양, 그리고 청결과 시간 등의 서비스 요소들로 구성되어져 접객종업원에 의해 서빙(Serving)이 이루어진다. 외관상 아무리 훌륭한 호텔의 모습과 훌륭한 접객종업원의 서비스가 이루어진다 하여도 훌륭한 음식이 고객에게 제공되지 않으면 서비스는 나쁘게 평가되어진다. 이같이 환대서비스는 고객의 관점에서 보면 보이지 않는 생산부문과 보이는 전달부문으로 구성되어 있다.

이와 같이 보이지 않는 부문에서 이루어지는 후방서비스와 보이는 부문에서 이루어지는 전방서비스를 나타내어보면 [표 2-1]과 같다. 결국 환대서비스는 고객이 볼 수 없는 부문까지도 포함되어 하나의 상품으로 고객에게 전달된다.

[표 2-1] 환대서비스의 구조

생산부문 환대서비스	전달부문 환대서비스	
여행사의 여행상품 기획, 호텔/식음료업체의 주방, 숙박업체의 세탁 등	접객종사원 서비스 관광서비스 시설 지원 시스템	정보, 광고, 판매, 대행, 조사, 가격 등의 서비스
후 방	전 방	

3. 환대서비스의 유형

관광서비스를 관광의 주체인 관광자와 관광자원 및 관광대상이 되는 관광객체의 시각보다는 관광자를 관광할 수 있도록 하는 그 행위적인 측면에서 관광매체인 관광산업을 고찰하여 관광서비스의 범주를 설정하고 있다.

따라서 관광서비스의 유형 또한 관광산업 범위에 속해 있는 모든 영역을 대상으로 개념을 살펴보아야 하지만, 관광자를 안내하고 관광자와 관광관련업자(Principal)를 위하여 상호 알선하고 관광자를 위하여 기타 필요한 서비스를 행하는 여행서비스, 관광자가 관광활동을 하면서 숙박 및 부대시설을 이용토록 서비스하는 호텔서비스, 여러 다양한 교통서비스 가운데 장거리 여행을 가능케 하며 관광교통업에 있어 대표적인 항공서비스 그리고 식당서비스로 불리어지는 식음료서비스에 관하여 알아본다. 또한 각 부문별 고객인 관광객을 위한 다양한 인적 중심의 관광서비스에는 어떠한 것들이 있는지 핵심 서비스와 부가 서비스로 나누어 고찰해보면 다음과 같다.

1) 여행서비스

국내 관광 진흥법에 의해 규정된 여행업은 "여행자 또는 운송시설 · 숙박시설 기타 여행에 부수되는 시설의 경영자 등을 위하여 당해 시설이용의 알선이나 계약체결의 대리, 여행에 관한 안내, 기타 여행의 편의를 제공하는 업"으로 정의하고 있다. 결국 고객에 따른 여행서비스란 여행상품을 생산 · 판매하고 관광자를 안내하며 관광자와 관광관련업자(Principal)를 위하여 상호알선하고, 관광관련 사업자의 사용권을 매매함과 동시에 기타 관광에 필요한 업무를 수행하는 여행사 내의 관광서비스이다.

여행사 내에서 행해지는 모든 구성원의 서비스는 고객과의 직접적인 대면으로 서비스가 이루어지는 것은 아니다. 또한 여행업의 유형은 내국인의 국내·외 여행 및 외국인의 외래 관광 모두의 업무기능을 담당하는 일반 여행업과 내국인의 국외 여행의 업무를 담당하는 국외여행업, 그리고 내국인을 대상으로 국내여행을 알선하는 국내여행으로 나누어진다. 이와 같이 여행업의 유형에 따라 기능과 서비스의 영역이 달라지겠지만 이 모두를 종합하여 볼 때 여행업 서비스를 핵심서비스와 부가서비스로 나누어 살펴보면 아래와 같다.

(1) 핵심서비스

여행서비스의 핵심서비스는 먼저 카운터 서비스로서 관광객이 관광할 수 있도록 도와주는 상담서비스와 항공예약발권 서비스를 포함하고 있으며 숙박 및 교통, 그리고 음식점 등을 이용 가능토록 수배하는 수배서비스가 있다.

그리고 안내서비스가 있는데, 이것은 국외 관광자를 대상으로 출발 공항에서부터 여행 일정을 마치고 귀국하여 해산할 때까지 인솔 역할을 하는 국외여행인솔서비스와 외래 관광객을 대상으로 하는 통역 및 안내서비스를 포함하고 있으며, 비자 및 여권 등의 수속을 대행하는 수속대행서비스가 있다.

❶ 카운터서비스

여행을 하고자 하는 고객은 여행사의 카운터 직원과 첫 면담을 통하여 여행상품에 관하여 문의하게 된다. 상담 후 고객은 자신이 원하던 여행일정과 적합성 등에 따라 여행상품 선택 여부를 결정하게 된다. 따라서 카운터서비스는 고객에게 그 여행사의 이미지와 여행상품의 구매 가능성을 불어넣을 수 있는 매우 중요한 서비스이다.

카운터 상담서비스의 내용을 보면 여행상품에 관한 상담, 숙박 및 항공등의 교통편 상담 및 예약·발권, 여행 일정의 작성 및 접수, 여행관련 정보제공 등과 같은 서비스가 포함된다.

❷ 수배서비스

수배서비스는 고객의 신청에 따라 희망하는 운송 및 숙박 등의 관광관련업체에 대해 각각의 예약으로 여행에 필요한 제반 요소를 확보하여 관광하고자 하는 고객에게 보다 편리함을 제공토록 하는 서비스이다. 따라서 수배서비스는 고객이 원하는 것을 정확히 이해하여 관광관련 공급업체에 정확한 내용을 신속하게 처리하여 고객의 여정에 불편함이 없도록 하여야 한다.

또한 수배활동은 대부분 전화에 의해 이루어지므로 정확하게 기록하는 것이 매우 중요하다. 이러한 기록내용에 의해 여정이 변동될 수 있기 때문이다. 뿐만 아니라 수배서비스의 실시 중에는 고객의 요구사항에 틀림이 없도록 하기 위한 반복적인 확인 작업이 필요하다. 수배서비스의 내용을 보면 교통, 호텔숙박, 음식점, 관광지, 편의시설 등에 관한 예약이 이루어질 수 있도록 하는 서비스가 포함된다.

❸ 안내서비스

여행상품의 특성상 고객인 관광객은 여행과정 중 다양한 서비스를 받게 되는데, 그 중 안내서비스는 그 결과에 따라 여행사의 이미지에 큰 영향을 미칠 수 있다. 안내서비스는 내국인 관광객이 국외여행을 할 경우 인솔하는 국외여행인솔서비스와 외국인 관광객이 국내여행을 할 경우 안내하는 통역 및 안내서비스로 구분된다.

TE(Tour Escort), 혹은 Tour Leader, TC(Tour Conductor)등으로 불리는 국외여행인솔서비스 담당자는 국외여행의 출발준비로부터 여행종료에 이르기까지 전 과정을 지휘하고 통제하면서 회사를 대표하는 역할을 일시적으로 수행하므로 매우 훌륭한 서비스가 요구된다. 또한 외국인 관광객을 상대로 통역 및 안내를 담당하는 통역 안내원은 회사의 이미지뿐만 아니라 국가의 이미지가 평가될 수 있으므로 그 역할 또한 매우 중요하다.

❹ 수속 대행 서비스

국외 여행을 실시할 경우 여권 및 비자 발급은 반드시 이루어져야 하는 부분으로서, 수속 대행 서비스는 주로 관광객을 위해서 여권 및 비자 발급을 대행하는 서비스이다. 물론 이러한 서비스는 여행사의 고유 서비스 영역은 아니지만 고객의 대 서비스 차원에서 신속한 처리가 이루어져야만 하는 서비스이다.

수속 대행 서비스의 내용으로는 여권 및 비자 발급, 보험, 환전 등이 포함된다.

(2) 부가서비스

핵심서비스는 같은 유형의 업종에서 모두 이루어지는 서비스이지만, 부가서비스는 고객에게 보다 차별화된 서비스를 제공하여 경쟁력을 갖게 함을 그 목적으로 하고 있다.

여행서비스에서의 부가서비스는 업체들마다 다양하게 제공되고 있으나 대략적인 서비스의 형태를 보면 다음과 같다.

먼저 여행정보 서비스가 있다. 이것은 온라인(Online)과 오프라인(Offline)을 통하여 저렴하고 실속 있는 다양한 신 여행상품에 대한 정보를 기존 고객 혹은 잠재 고객에게 제공함으로 인해 고객이 여행상품 및 핵심 서비스를 이용하도록 하는 것이다.

그리고 여행에 관한 제반 의문사항을 직접 방문하여 상담하는 방문상담 서비스가 있다. 또한 여행에 필요한 각종 서류 등의 준비를 대행하여 고객의 편의를 도모하는 것 또한 부가서비스에 포함되며, 단체 및 개인 여행의 출국 시 공항에서 탑승수속을 위한 센딩(Sending)이나 입국 시 고객을 맞이하는 미팅(Meeting)과 같은 서비스가 있다. 그리고 여행을 마친 이후 고객과의 지속적인 유대관계를 갖기 위한 관계서비스가 부가서비스로 이루어진다.

2) 호텔서비스

국내 관광 진흥법에서의 관광호텔은 "관광객의 숙박과 체재에 적합한 시설을 갖추어 이를 이용하게 하고 식음료를 제공하는 업"으로 규정하고 있다. 이와 같이 호텔이라는 존재는 고객을 위한 숙박과 음식에 따른 제반 서비스가 주류를 이룬다. 이밖에 부대시설 이용에 따른 서비스가 있을 수 있다. 호텔서비스의 특성은 일반서비스의 특성 이외에 서비스 구매시간의 단기화로 고객에 의한 서비스 평가 시간이 짧으며, 호텔서비스의 구매는 접객요원, 장식품, 기물, 유니폼 등에 따라 달라지고, 호텔서비스는 독립적이면서도 상호보완적인 조직이 필요하다. 호텔은 그 자체가 서비스로 구성 되어진 것이다. 따라서 그 서비스 범위 또한 매우 다양하므로 모든 것을 열거하기란 어렵다.

본서에서는 고객과 직접적인 접촉으로 인해 서비스가 이루어지는 Front of the house(접객부서)의 시각에서 객실부분(Room Department), 식음료부문(Food & Beverage Department), 그리고 기타부문으로 크게 나누어 각 부문의 핵심서비스와 부가서비스를 살펴보면 다음과 같다.

(1) 객실부문 서비스

호텔에 있어서의 객실부문 서비스는 가장 기본이며 주가 되는 서비스이다. 호텔을 찾는 고객은 숙박을 위한 목적이 가장 두드러지며, 이러한 고객들의 많은 기대와 욕구를 충족 시켜주는 객실부문 서비스야말로 호텔 이미지를 결정하는 중요한 요인이 되고 있다.

❶ 핵심서비스

객실부문의 핵심서비스는 Front 서비스, Front Office 서비스, Housekeeping 서비스로 구분할 수 있다.

Front 서비스

Front 서비스는 호텔의 현관 및 로비(Lobby)내에서 일어나는 서비스이다. 즉 호텔을 이용할 고객이 도착하면 제일 먼저 영접하고 안내하며 체크아웃(Check-Out)이후 호텔을 떠날 때 전송하는 서비스이다. 뿐만 아니라 고객의 짐을 객실로 운반하는 경우와 그 반대의 경우에도 Front 서비스에서 이루어지며 고객의 요구사항(신문전달, 시설안내, 정리정돈, Paging)을 해결해 주기도 한다.

Front 서비스의 주요 내용을 보면 호텔 이용객의 영접・전송, 호텔 현관 앞 차량정리, 차량수배 및 안내, 수화물 관리 및 단체 짐 관리, Paging 등이 된다. 여기서 Paging이란 방문고객을 수배하여 알려주는 서비스를 의미한다.

Front Office 서비스

Front Office 서비스는 호텔의 매우 중요한 위치로서 고객과 가장 많이 접촉하여 가장 쉽게 눈에 띄면서 이루어지는 서비스이다. Front Office 서비스는 신경조직의 중심(Nerve Center)이라고 불릴 정도로 대부분의 고객서비스와 관련이 있기 때문에 다양한 고객의 요구 및 욕구를 충족시켜주어야 한다.

Front Office 서비스에는 객실예약(Room Reservation), 등록(Reception), 우편 및 안내(Mail & Information), 정산(Cashiering), 객실 키(Key) 관리 등이 있다. 원칙적으로 정산을 담당하는 캐셔(Cashier)는 Front Office의 직원은 아니지만 그 위치에서 고객과의 직접적인 서비스가 이루어지므로 매우 중요한 부분을 담당하고 있다.

Housekeeping 서비스

Housekeeping 서비스의 기본은 청결과 안락, 그리고 편리함을 고객에게 제공하는 것이다. 고객에 있어서 호텔숙박의 만족은 매우 중요하다. 호텔의 청결・관리, 린넨류의 공급, 장비・비품의 관리 등은 하우스키퍼(Housekeeper)에 의해서 유지된다. 이와 같이 Housekeeping 서비스는 고객을 위하여 호텔의 청결・유지를 기본으로 시설・가구의 보수, 세탁(Laundry), 그리고 비수기를 이용한 적절한 보수 계획을 수립하여 관리하는 서비스이다.

Housekeeping 서비스의 내용을 보면 객실 청소 및 정돈, 객실장비・비품관리, 린넨류의 관리, 세탁물 관리 등이 있다.

❷ 부가서비스

객실부문의 부가서비스는 호텔마다의 차별화를 위하여 다양하게 이루어질 수 있다. 고객에 관한 과거의 정보를 이용하여 그의 취향을 파악하고 앞선 서비스를 제공하는 고객일치 서비스, 고객에게 호텔내의 제반 서비스를 이용가능토록 하는 정보제공 서비스, 고객의 지불사항을 체크아웃 이전에 이루어지게 하여 지불시점에 불쾌감을 없도록 하는 청구서비스 등이 있다.

(2) 식음료부문 서비스

호텔의 식음료부문 서비스는 음식 및 음료의 제조과정과 식음료의 전달과정 서비스로서, 고객은 식음료서비스 정도에 따라 호텔의 전반적인 평가를 하므로 객실부문 서비스와 더불어 매우 중요한 서비스이다. 모든 서비스의 질이 그러하듯이 고객이 바라는 음식과 친절한 서비스, 그리고 안락한 분위기 등은 호텔의 식음료부문에서 가장 기본이 되는 것이다.

❶ 핵심서비스

식음료부문 서비스의 핵심 서비스는 한식, 양식, 일식 등을 고객에게 전달하는 식당 서비스(Restaurant Service), 로비라운지 · 나이트클럽 · 메인바 등에서 음료를 고객에게 전달하는 음료서비스(Beverage Service), 그리고 각종 연회행사의 경우 식음료부문에 따른 연회서비스(Banquet Service)등으로 구분하여 볼 수 있다.

식당서비스

식당은 일정한 장소에 시설을 갖춘 상태에서 고객을 영접하여 음식을 제공하는 곳이지만, 호텔에서의 식당은 이러한 물적 서비스보다는 접객요원의 숙련된 자세로 고객이 식사를 훌륭하게 할 수 있도록 하는 인적 서비스의 비중이 매우 크다. 좋은 시설과 값진 식사, 그리고 음료가 제공된다 할지라도 훌륭한 인적 서비스가 함께 하지 않는다면 호텔의 식당운영은 매우 어렵게 된다.

호텔에서의 식당서비스는 크게 나누어 고객의 주문에 의해 접객요원이 음식과 음료를 제공하는 테이블 서비스(Table Service)와 고객이 앉아서 간단히 먹기 편리하도록 카운터 테이블(Counter Service), 그리고 이미 마련된 식단 및 테이블에 의해 고객이 직접 참여하는 형태인 셀프서비스(Self Service), 그 밖에 고객이 객실에서 주문하여 음식을 제공 받는 룸서비스(Room Service)로 이루어지고 있다.

테이블 서비스는 일정한 장소에서 고객의 주문에 의하여 음식을 제공하는 일반적인 형태의 서비스로서 쾌적한 분위기 속에서 접객요원이 보다 전문적이고 효율적인 방법으로 좋은 음식을 제공하여 고객의 욕구를 충족시켜 주는 서비스이다. 카운터 서비스는 고객이 조리 과정을 직접 볼 수 있도록 하고 있으며 카운터를 식탁으로 하여 음식이 제공되므로 빠른 서비스를 할 수 있는 것이 장점이다. 반면 셀프 서비스는 고객 자신이 기호에 맞는 음식을 직접 운반하여 식사를 하도록 되어 있는 뷔페(Buffet)와 같은 서비스 형태이다.

음료서비스

음료(Beverage)는 알콜성 음료(Alcoholic Beverage 혹은 Hard drink)와 비알콜성 음료(Nonalcoholic Beverage 혹은 Soft drink)를 포함하는 것으로, 일반적으로 알콜성은 양조주, 증류주, 혼성주 등이 있으며, 비알콜성은 청량음료, 영양음료, 기호음료 등이 있다.

호텔에서의 음료서비스는 메인바(Bar), 로비 라운지(Lobby Lounge), 나이트클럽(Night club), 식당(Restaurant)등에서 고객에게 음료가 제공되는 서비스이다. 주로 알콜성 음료는 메인바와 나이트클럽에서 서비스되며, 비알콜성 음료는 로비라운지와 식당에서 서비스가 이루어진다. 하지만 와인과 같은 저알콜성 음료는 식전, 식중, 식후에 서비스되기도 하며, 청량음료 또한 메인바에서 서비스되기도 한다.

연회서비스

호텔에서의 연회는 축하, 위로, 환영, 석별 등을 위한 것뿐만 아니라 회의, 전시회, 세미나, 교육 등과 같은 행사에 따른 것을 의미한다. 따라서 연회 서비스는 행사의 내용, 성격, 인원, 방법 등으로 인해 고객의 요청에 따라 이루어지는 식음료부문서비스 중 하나로서 호텔내의 일반식당 서비스와는 차이가 있다.

훌륭한 연회서비스란 연회의 특성에 따라 충분한 사전교육과 접객요원의 적절한 배치로 신속한 서비스가 이루어지는데 있다. 연회 서비스는 연회의 성격에 따라 일반적인 서비스보다 조직적으로 서비스가 행하여진다.

연회서비스는 크게 구분하여 테이블 서비스와 스탠딩 서비스로 분리될 수 있으며, 보통 정찬이나 파티(Party)의 성격인 경우는 스탠딩 서비스로 이루어진다.

❷ 부가서비스

호텔의 경쟁력을 갖추기 위한 방편으로 식음료부문에 있어서의 부가 서비스는 그 호텔의 특성에 따라 다양하게 이루어진다. 신선한 과일, 요거트, 포장된 샌드위치 등을 준비하여 고객에게 제공되는 자동판매(Vending Machine)서비스라든가, 야간을 이용한 이벤트성 칵테일 쇼, 특별코너를 마련하여 식음료를 제공하는 소매전문음식매점(Retail Speciality Food Shop)서비스 등이 식음료 부문의 서비스에 속한다.

(3) 기타부문 서비스

호텔서비스는 객실부문 서비스와 식음료부문 서비스 외에도 전화교환 서비스, 주차관리 서비스, 비서업무 서비스, 여행정보 서비스, 관계 서비스 등 호텔 규모에 따라 다양한 서비스가 이루어질 수 있다. 이 중 전화교환 서비스는 보이지 않는 음성 서비스이지만 서비스의 질에 따라 호텔 전체에 영향을 미치므로 이 또한 최상의 서비스가 될 수 있도록 해야 한다. 따라서 전화교환 서비스 요원은 상냥하고 예의 바른 응답방법으로 고객을 대하여야 하며, 능숙하고 효율적인 대처능력과 호텔의 위치, 각 부서의 전화번호 등과 같은 기본 사항들은 숙지하여 신속한 통화서비스가 이루어질 수 있도록 전문성을 가져야 한다.

이와 같이 호텔 서비스는 어느 한 부서의 진심어린 서비스만으로 그 호텔의 전체 이미지가 형성되는 것이 아니라 호텔을 구성하고 있는 모든 부문들이 연관되어 고객이 바라는 기대 및 욕구를 충족시켜 주어야만 훌륭한 서비스가 될 수 있다.

3) 항공서비스

항공법에서 규정하는 항공운송사업이란 "타인의 수요에 응하여 항공기를 사용하여 유상으로 여객 또는 화물을 운송하는 사업"으로 정의하고 있다. 또한 항공운송사업의 분류를 보면 운항의 정기성 여부, 수송객체, 수송지역 등으로 구분할 수 있다.

운항의 정기성 여부에 의한 분류는 국·내외에서 한 지점과 다른 지점 사이에 노선을 정하여 정해 놓은 시일에 항공기가 운항이 되는 정기 항공운송(Scheduled Airline)사업과 정기성이나 항공노선에 제한을 받지 않고 수용의 요구에 따라 불특정 지점을 일시에 운항하는 부정기 항공운송(Non-scheduled airline)사업으로 구분된다. 운송대상이 되는 운송객체에 의한 분류를 보면 여객운송사업과 화물운송사업, 그리고 우편물 운송사업으로 분류되고 있다. 또한 운송지역에 의한 분류로는 국내운송사업과 국제운송 사업으로 구분하고 있다.

항공운송서비스의 특성으로는 타 운송 교통보다 빠른 고속성(시간 단축성), 절대적인 안전을 요구하는 안전성, 공표된 스케줄(Schedule)에 따라 운항하는 정시성, 타 운송교통보다 빠른 시간단축에 의한 운임의 경제성, 객실내의 시설 및 기내서비스 등에 의한 쾌적성, 비교적 자유로이 노선을 개설 할 수 있는 용이성, 그리고 국제간의 항공협정에 의해 자유로이 활동 할 수 있는 국제성 등이 있다.

항공서비스는 고객과의 접촉성의 관점에서 항공여객 예약·발권서비스, 공항여객서비스, 객실서비스, 기타부문 서비스 등으로 구분할 수 있다. 각 부문별 항공서비스에 해당하는 핵심 서비스와 부가 서비스를 보면 다음과 같다.

(1) 항공여객 예약·발권 서비스(Airline Reservation Service)

항공여객 예약·발권 서비스는 교통수단인 항공기를 이용하고자 하는 고객을 위해서 사전에 좌석을 확보하여 주거나 탑승권을 발권해 주는 등의 서비스를 의미한다.

❶ 핵심서비스

항공여객 예약·발권 서비스의 핵심 서비스를 보면 판매 경로에 따라 직접판매 서비스, 간접판매 서비스, 인터라인(Interline)서비스로 구분된다. 이 중 직접판매 서비스와 간접판매 서비스는 카운터에서 직접 고객과의 대면을 통하여 서비스가 이루어지므로 매우 중요한 서비스이다.

직접판매 서비스

항공여객 예약·발권서비스 중 직접 판매서비스는 항공사가 자사의 지점이나 영업소를 통하여 그 지역 내 기업이나 단체 또는 일반 불특정수요를 대상으로 판매활동을 직접 전개하고 항공예약의 접수, 항공권의 발행, 여행의 안내 등의 제반 활동을 하는 서비스이다. 정부, 국영기업체, 대기업, 각종단체 등을 대상으로 항공사가 직접적으로 서비스하고 있다. 또한 지점이나 영업소에 카운터를 설치하여 직접 고객에게 서비스를 제공하고 있다.

간접판매 서비스

항공사는 대체로 항공편의 공급량이 증가하고 판매되는 지역범위 또한 광범위 하므로 자사 판매망으로서는 충분히 판매할 수 없을 뿐만 아니라 효과적이지 못하기 때문에 항공여객 예약·발권 서비스를 간접판매 형태로 하여 서비스하고 있다. 각 항공사는 지역마다 다수의 판매 전문업자로 하여금 항공의 예약·발권·판매 등의 업무를 대리하게 하는 간접판매망을 구성하여 서비스하고 있다. 고객이 항공여행에 필요한 수속을 하기 위하여 직접 항공사의 지점이나 영업소를 방문해야 할 불편함이 없이 가까운 판매 대리점을 통하여 필요로 하는 모든 서비스를 받을 수 있도록 하는 것이다.

항공여객 예약·발권 서비스의 간접판매 형태로는 항공사가 일정지역을 한정하여 포괄적인 판매 대리점으로 지정하고 그 지역 내의 대리점 관리, 판매대금 회수 등을 겸비하는 총판매 대리점이 있으며, 항공사를 대리하여 고객에게 항공여객 서비스의 판매를 전업으로 하는 판매 대리점, 그리고 여행상품에 항공의 운송기능이 포함되어 판매되는 경우 독립된 항공운송 서비스가 아니라 여행사의 상품유통 과정에 따른 것이므로 여행 도매업자(Wholesaler)와 여행 소매업자(Retailer)에 의해 서비스가 이루어진다.

그 밖의 간접판매 형태로는 인터라인(Interline)서비스가 있다. 항공사간 상호협정 아래 타 항공사의 항공권으로 자사의 항공편을 이용할 수 있도록 하는 서비스이다. 이는 어느 항공사 자사가 운항하고 있지도 않은 도시에서 영업소를 가지고 고객에게 운송 서비스를 하고 있지만, 이와 같은 도시에는 그 지역에 강력한 기반을 갖고 있는 항공사가 있어 서비스 활동에 어려움을 겪게 된다. 따라서 상호간의 협정을 통해 상대방의 대리인으로서 항공운송 서비스를 인정하여 쌍방 간의 판매서비스 대행제도를 실시하게 된다.

❷ 부가서비스

항공여객 예약·발권을 위한 부가서비스로는 의뢰인이 거주하고 있는 곳에서 항공운임을 지불하고, 승객은 타 도시에서 항공권을 발급받을 수 있는 PTA(Prepaid Ticket Advice)라 불리는 타지역운송서비스, 인터넷을 통하여 항공권을 예약한 후 항공권 전달은 택배를 이용한 서비스와 공항에서 항공권을 찾을 수 있는 방법 중 고객이 편리한 방법을 선택하여 항공권구매를 할 수 있도록 하는 국제선항공권 인터넷구매서비스가 있다. 또한 그림과 같이 A공항에서 D공항까지 여행(A에서 B까지는 에어프랑스, 경유지 공항 B·C에서·는 대한항공)시 A공항의 에어프랑스 항공사 카운터에서 B·C공항 출발 대한항공편의 좌석배정 및 탑승권을 발급하고 수하물을 D공항까지 수속할 수 있을 뿐만 아니라, 중간 경유지 B·C에서는 별도의 탑승수속이 필요 없는 항공사간 연결탑승수속서비스 등이 있다.

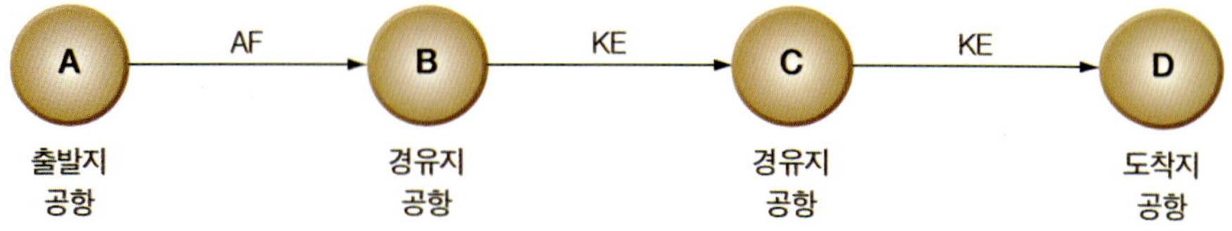

[그림 2-3] 항공사간 연결탑승 수속 서비스

(2) 공항여객서비스(Airport Passenger Service)

공항여객서비스는 항공편을 이용하고자 미리 예약된 항공권을 가지고 있는 승객에게 출발 공항에서 혹은 도착 공항에서 이루어지는 제반 서비스이다.

❶ 핵심서비스

공항여객서비스 부문에서 핵심적인 서비스로는 체크인 카운터서비스(Check-In Counter Service)와 탑승게이트서비스(Boarding Gate Service), 도착서비스(Arrival Service) 등이 있다.

체크인서비스

체크인카운터서비스는 승객들이 가능한 빠른 시간 내에 탑승수속을 받게 하여 기다리는 시간을 줄이고 예정된 항공편을 탑승할 수 있도록 해주는 서비스이다. 일반적으로 공항 체크인 카운터는 승객들이 탑승권을 받기 위해 줄을 서 있는 모습을 연상하게 된다. 따라서 신속하고도 정확한 서비스가 제공되어야만 고객만족서비스가 이루어질 수 있다.

탑승게이트서비스

탑승게이트는 게이트의 항공사 직원이 탑승권(Boarding Pass) 확인 절차를 거쳐 승객을 기내 승무원에게 인계하는 곳이다. 승객의 순조로운 탑승을 위해서 관계담당기관 및 기내승무원과의 업무연락과 협조가 조화로이 이루어져야 한다.

도착서비스

승객 도착서비스는 승객이 목적지 도시에서 원활한 입국을 할 수 있도록 도와주는 제반 서비스이다. 즉 승객이 원활한 수속을 할 수 있도록 관련 신고서 작성, 통역 서비스 등을 제공하는 동시에 수하물 서비스도 포함하고 있다. 승객의 수하물이 파손, 분실될 경우 직원이 적절한 조치를 해야 한다.

❷ 부가서비스

공항여객서비스의 부가서비스로는 공항라운지서비스(Airport lounge service)가 있다. 이것은 주로 일등석 및 VIP 고객의 품격에 맞도록 최고의 시설과 서비스를 제공하는 휴식 공간으로 꾸며져 있다. 고급 승객들을 위하여 칵테일바, 편안한 휴식을 위한 수면실, 완벽한 비즈니스 업무 수행을 위한 비즈니스센터, 인터넷 전용 컴퓨터 등이 마련되어 서비스를 제공하고 있다. 또한 국내, 국제선을 연결하여 운항하는 승객의 수하물을 국제선 최종 목적지까지 체크인(Check-in)해주는 출국수하물 국내·국제연결서비스를 볼 수 있다.

(3) 객실서비스(Cabin service)

항공서비스 중 객실서비스는 넓은 의미로 승객들이 탑승하기 이전부터 기내 시설물이나 기용품의 설치 및 탑재와 관련된 여러 준비과정 업무를 포함하고 있으며, 좁은 의미로는 승객들이 항공기를 탑승하는 시점부터 시작으로 해서 운항중의 제반서비스, 그리고 안전하게 도착하여 하기까지 객실승무원에 의해 이루어지는 제반서비스를 의미한다. 따라서 객실 서비스는 지상에서의 기내물품 준비 및 장착과정인 물적 서비스와 항공 운항중의 기내서비스로 구분된다. 이를 다시 세분하여 보면 다음과 같다.

❶ 핵심서비스

객실서비스 중 핵심서비스는 출근(Show-up) 및 브리핑(Briefing), 항공기 탑승, 기내서비스(In-flight service)의 순으로 이루어진다.

출근 및 브리핑

국제선인 경우 승무원들은 비행출발시간 2시간 10분전(국내선 1시간 30분전)에 공항 승무원 담당 사무실에 출근하여 비행정보의 확인 및 업무 수행 준비를 위하여 지정된 장소에서 실시하는 객실 브리핑에 참석하여 비행에 필요한 제반 서류 및 업무지시, 필수 휴대품 등을 점검하게 된다.

항공기 탑승

객실브리핑 및 운항브리핑을 완료한 승무원은 출국수속을 마친 후 국제선의 경우 최소한 항공기 출발 1시간 전, 국내선인 경우에는 30분 전까지 탑승하여 승객탑승서비스를 준비한다.

기내서비스

기내서비스는 승객들의 탑승이 시작되면서 승무원 각자의 위치에서 승객의 원활한 탑승이 이루어지도록 하면서 시작된다. 승무원의 이륙(Take off)전 승객에 대한 인사와 더불어 좌석 안내, 수하물 정리, 승객좌석벨트점검(Seatbelt), 비상안전서비스 등이 이루어지며 비행 중에는 좌석등급별(Class) 서비스, 신문·잡지 등 제공, 음료제공, 기내식 제공, 영화 상영, 착륙(Landing)전에 실시하는 안전점검서비스 등 많은 서비스가 이루어진다.

② 부가서비스

부가서비스로는 Fax 전송 서비스를 이용해서 도착지 공항으로 Fax를 보내어 고객이 도착하는 즉시 받아볼 수 있도록 하는 팩스전송서비스, 애완동물의 기내 동반을 위해 적절한 케이지(Cage)에 넣어서 승객의 좌석 밑이나 발치에 두고 여행할 수 있도록 하는 Pet cage 무료제공서비스 등이 있다.

(4) 기타부문 서비스

항공사는 항공기를 이용하여 고객의 요청에 따라 여객 또는 화물을 출발지에서 목적지까지 안전하고 신속하게 운송하고 그 대가를 받는 것을 주된 목적으로 하고 있으나 이외의 다양한 특수 서비스가 있을 수 있다. 예를 들어 자사 또는 타사의 항공기를 이용하여 여러 구간을 계속 여행하는 경우 항공기 접속을 위해 여정 중 어느 지점의 공항에서 장시간 대기하거나 혹은 호텔에 숙박을 해야 하는 경우가 있다. 이와 같이 여객이 지상에서 대기하는 동안 발생하는 식사, 숙박 및 지상 이동 등에 소요되는 비용을 항공사에서 부담하는 서비스를 항공사의 본연의 임무인 운송서비스에 부가되는 특수 서비스라고 한다. 이러한 특수 서비스에는 여객의 여행 편의를 위한 우대서비스와 항공기의 지연운항 등 특수한 상황에서 여객에게 제공하는 피해보상적인 의무서비스가 있다.

그밖에 항공서비스 중 기타부문 서비스에는 국내 주요지역에 따라 항공사 리무진버스를 운행하여 여행객의 항공교통편, 호텔숙박 등을 보다 용이하게 이용하도록 해주는 리무진버스서비스가 있다.

캐세이패시픽항공의 notiFLY 서비스

캐세이패시픽(Cathay Pacific)항공이 '노티플라이(notiFLY) 서비스'를 전 세계 40여 취항 국가로 확대 실시한다. 출범 1주년을 맞은 노티플라이 서비스는 현재 한국어를 포함한 영어, 일어, 중국어로 전 세계에서 이용이 가능하며 예약항공 편의 도착 · 출발 및 변경 사항 등 운항관련 최신 내용을 문자 메시지 형태로 고객의 핸드폰이나 e메일 주소로 전송해 준다. 데이비드 턴블 캐세이패시픽 항공 부회장은 "지난해 노티플라이 서비스를 개시한 이래 점차 이용고객의 수가 증가하고 있으며 특히 태풍 등의 자연재해로 인해 항공기 운항장애가 예상될 때에는 이용객의 수가 급증했다."며 "이번 서비스의 확대로 전 세계에서 운항되고 있는 항공편의 정확한 정보를 적시에 제공하는 데에 소요되는 경비를 절감, 고객들에게 더욱 큰 편의를 제공할 수 있을 것"이라고 말한다.
노티플라이 서비스를 이용, 최신 운항정보를 문자 메시지로 전송받기를 원하는 고객들은 캐세이패시픽항공 웹사이트(www.cathaypacific.co.kr)또는 팜 PDA를 이용해 항공기 편명, 출발과 도착 중 원하는 서비스를 선택 후 전화번호를 입력하면 된다.

여행정보신문

4) 식음료서비스

현재 우리나라 관광진흥법 시행령 제2조 6항에 명시된 관광편의시설업의 종류를 보면 식음료업에 해당하는 부문을 볼 수 있다. 즉 식품위생법령에 의한 유흥주점영업의 허가를 받은 자로서 관광객의 이용에 적합한 시설을 갖추어 이를 이용하는 자에게 주류 기타 음식을 제공하고 노래와 춤을 감상하게 하거나 춤을 추게 하는 관광유흥음식점업, 식품위생법령에 의한 유흥주점영업의 허가를 받은 자로서 외국인 이용에 적합한 시설을 갖추어 이를 이용하는 자에게 주류 기타 음식을 제공하고 노래와 춤을 감상하게 하거나 춤을 추게 하는 외국인전용유흥음식점, 식품위생법령에 의한 일반 음식점영업의 허가를 받은 자로서 관광객의 이용에 적합한 음식제공시설을 갖추어 이들에게 특정 국가의 음식을 전문적으로 제공하는 관광식당업, 그리고 주세법에 의한 주류제조·판매의 면허를 받은 자로서 관광객의 이용에 적합한 시실을 갖추고 이들에게 직접 제조한 토속주를 판매하는 관광토속주판매업으로 되어 있다. 또한 한국표준산업분류표상의 음식점업의 관한 정의를 보면 "구내에서 직접 소비할 수 있도록 접객시설을 갖추고 조리된 음식을 제공하는 식당, 음식점, 간이식당, 카페, 다과점 등을 운영하는 활동과 독립적인 식당차를 운영하는 산업 활동을 말한다. 또한 여기에는 접객시설을 갖추지 않고 고객이 주문한 특정 음식물을 조리하여 즉시 소비할 수 있는 상태로 주문자에게 직접 배달(제공)하거나 고객이 원하는 장소에 가서 직접 조리하여 음식물을 제공하는 경우가 포함 된다"고 규정하고 있다. 그밖에 미국의 경우 영리를 목적으로 하는 미국식당협회(National Restaurant Association : NRA)에서 음식업을 분류한 형태를 보면 일반음식점 및 전문·패스트푸드음식점(Limited-service · Fast food restaurant)등과 같은 일반음식점업, 항공기내식과 대학교 등에서 판매되는 위탁경영방식외식업, 호텔식당 및 모텔 등의 숙박시설에서의 음식업, 그리고 편의점 및 자판기 등에서 판매되는 기타 음식업 등으로 되어 있다.

결국 식음료서비스 또한 관광서비스 중 하나이므로 본서에서는 관광객의 관광활동에서 식음료를 제공받는 즉 관광과 관련된 음식업으로 한정하였다. 그러나 고객에게 단순히 음식만을 제공하는 하나의 사업으로서의 역할이 아닌 고객인 관광객에게 제공되는 식당에서의 제반서비스 개념이 포함된 식음료서비스를 의미한다.

식음료서비스의 구성요소를 보면 시설에 관련된 물적 서비스, 편리를 도모한 입지성, 요금, 요리 및 음료, 인적서비스 등으로 되어 있다. 이러한 식음료서비스의 구성요소 가운데 고객과의 직접적인 접촉에 따른 서비스 즉 인적 서비스는 접객서비스(Hospitality service)이다. 식음료서비스는 시설 및 규모, 영업형태 등에 의해 달라질 수 있으나 크게 테이블서비스(Table service)와 카운터서비스(Counter service)로 나누어진다. 테이블서비스는 일반적인 레스토랑과 호텔 식당에서 이루어지는 서비스 형태이며, 카운터 서비스는 뷔페(Buffet) 혹은 카운터에서 요리사가 직접 식음료를 제공하는 형태의 서비스를 의미한다.

따라서 본서에서는 테이블서비스를 중점으로 예약 및 좌석안내서비스를 포함한 예약 · 영접서비스(Reservation & Greeting service), 테이블서비스(Table service), 환송서비스(Farewell service), 그리고 기타부문 서비스로서 접객을 위한 관계서비스(Relationship service) 등 고객을 맞이해서 환송에 이르기까지 지속적인 관계의 모든 서비스과정을 알아보면 다음과 같다.

1) 예약 · 영접 서비스

식음료서비스 중 예약 · 영접서비스는 고객의 방문을 유도할 수 있는 시점인 동시에 예약된 고객 혹은 일반고객이 방문하여 접객요원으로부터 서비스를 제공받는 첫 단계이기도하다.

(1) 핵심서비스

식음료서비스에 있어서 예약 및 고객영접은 자사의 영업과 이미지에 첫 번째 영향을 미치는 매우 중요한 부문이다. 먼저 예약은 고객이 계획하고 있는 행사를 위해 담당자와 약속하는 것으로서 주로 전화로 이루어진다. 따라서 고객의 모든 요구사항을 정확히 접수하여야 하며, 사전준비와 효율적인 서비스가 이루어질 수 있도록 부서간의 업무연락이 중요하다. 특히 예약접수 시에 방문객수, 전화번호, 성명, 일자, 시간, 특별주문사항 등은 매우 중요한 사항이므로 누락이 되어 고객의 귀중한 시간 소비에 따른 불만으로 업체의 이미지에 영향을 미쳐서는 안 된다. 그리고 예약된 장소 및 테이블은 방문예정시간으로부터 어느 정도 시간이 경과되면 예약고객에게 판매할 수 없을 뿐만 아니라 일반고객에게도 제공될 수 없는 어려움이 따르게 된다. 따라서 예약 시 이러한 점을 고려하여 고객에게 미리 알리는 방법도 사전에 No-show를 방지하는 서비스가 될 수 있다.

그리고 고객영접서비스는 예약된 고객이 자사를 방문할 때 접객요원이 먼저 접근하여 마중하면서부터 시작된다. 고객의 예약성명을 확인하고 요구한 좌석 혹은 선호하는 좌석을 순간적으로 배정·안내하여 착석 하도록 하는 과정이다. 특히 순간적인 좌석배정 시 고객의 특성과 주변 고객과의 관계를 잘 파악하여 원하는 좌석에서 식음료를 제공받을 수 있도록 하는 것이 매우 중요하다.

2) 테이블서비스

식음료서비스에서의 테이블서비스는 고객이 선호하는 음식과 음료를 주문받아 주방에서 혹은 테이블에서 요리되어 고객에게 서빙(Serving) 및 정산(Billing)이 이루어지는 모든 과정을 의미하여 접객요원의 기능(Skill)이 매우 중요시되는 서비스부문이다.

(1) 핵심서비스

먼저 고객이 원하는 식사를 준비하기 위하여 주문접수(Taking order)가 우선되는데 이때 서비스접객요원은 메뉴의 내용을 충분히 숙지하여 고객의 의문을 해결해야 하며, 상황에 따라선 고객의 심리를 파악하여 만족할 수 있는 메뉴를 선택하도록 유도하는 적극적인 방법을 취해야 한다.

식음료서빙은 일반적으로 매뉴얼(Manual)에 의한 여러 단계로 나뉘어 이루어지지만 식음료서비스 부문 중에서 기능을 가장 잘 발휘해야 하는 과정이기도 하다. 식음료서빙은 주문에 따른 새로운 테이블세팅(Table setting), 음식(Food), 음료(Beverage), 치우기(Clearing), 정산(Billing) 등의 서비스를 포함하고 있다.

3) 환송서비스

환송서비스는 테이블서비스가 모두 이루어진 이후 고객이 최종적으로 모든 서비스를 평가하는 단계에서 재방문의 의사를 결정짓는 중요한 서비스이다.

(1) 핵심서비스

식음료서비스에서 환송서비스는 고객과의 직접적인 접촉이 종료되는 시점이므로 고객으로서는 이 과정에서 좋은 점과 불만스러운 면을 나타낼 수 있다. 이것은 유사한 업종과의 경쟁력을 가질 수 있는 매우 좋은 자료가 된다는 점에서 그 중요성을 인식해야 한다. 따라서 새로운 정보제공, 불만족 처리, 출입문 밖까지의 동행 등의 서비스는 환송서비스에서 이루어지며, 이 가운데 고객이 불만족을 표현할 때 중도에 말을 못하게 하는 일이 없이 끝까지 들어야 하며 즉시 해결할 수 있는 것과 그렇지 않은 것을 구분하여 처리하고 향후 검토를 위해 메모를 해야 한다. 고객의 불만족은 상황에 따라서 재방문의 효과를 얻을 수 있기 때문에 기꺼이 받아들여야한다.

4) 기타부문 서비스

(1) 핵심서비스

식음료서비스 중 기타부문 서비스로서 고객의 차량을 주차하고 출차 시키는 주차관리서비스와 접객요원의 용모와 태도에 따른 기타응대서비스, 그리고 고객 간의 만남을 이루게 해주는 Paging service, 고객의 분실물 신고 및 접수에 의한 Lost & Found service, 또한 실내 분위기 연출, 고객과 지속적으로 단골고객으로서의 관계를 유지토록 하는 관계서비스 등이 있다.

Chapter 3 고객과 서비스

1. 고객의 의의

고객이란 무엇인가? 고객은 기업에 있어서 가장 중요한 사람이다. 고객이 우리에게 의존하는 것이 아니라 고객에게 의존하고 있다. 고객은 우리의 일을 방해하는 것이 아니고 우리 일의 목적이다. 우리가 고객에게 서비스를 제공하는 것이 고객에게 호의를 베푸는 것이 아니라, 고객이 우리에게 서비스를 제공할 수 있는 기회를 줌으로써 고객이 우리에게 호의를 베푸는 것이다. 고객은 말다툼의 대상이 아니며 어느 누구도 고객에게 주장을 해서 승리할 수는 없다. 고객과 우리 자신에게 도움이 되도록 서비스하는 것이 우리의 일이다.(Peters & Austin)

고객이란 관광기업에 있어서 어떠한 대상이며, 또한 고객은 어떤 현대적 의미를 지니고 있으며 고객의 가치는 무엇인지 살펴보고자 한다.

1) 고객의 개념

고객의 사전적 의미로는 한자인 돌아볼 고(顧)와 손님 객(客)을 사용하여 "영업하는 곳에서, 물건을 사거나 서비스를 받거나 하기 위해 찾아오는 손님을 다소 격식을 갖추어 이르는 말, 즉 상객(常客)"으로 표현하고 있다. 영어로의 고객은 "습관적으로 물건을 사는 사람인 Customer"와 "초대받은 사람 혹은 환대받은 사람으로 주로 호텔 등에서 자주 사용되는 Guest"로 표현하고 있다.

한편 관광기업에서의 고객은 어떠한 의미를 지니고 있는가? 이것은 단순히 생산된 제품을 소비하는 소비자(Consumer) 혹은 구매하는 구매자(Buycr)와 구별하여 개념을 파악해야 될 것이다. 즉 제품의 유통과정에 있어서 최종적으로 제품을 소비하는 사람을 고객으로 볼 것인지 혹은 소비자로 볼 것인지에 따라서 그 의미는 달라진다. 관광서비스 상품은 더욱 그러하다. 고객은 관광기업이 존재하도록 하는 사람인 동시에 그 기업 내에 종사하는 모든 종업원을 구성하게 하는 사람이다. 또한 관광기업의 관점에서는 기업내부에 있는 구성원 모두가 고객이기도 하다.

이와 같이 고객은 내부고객(Internal customer)과 외부고객(External customer)이 있으며 일반적으로 통용되는 고객은 외부고객을 의미한다. 현대사회에서 고객이라는 의미는 무조건적으로 혹은 헌신적으로 서비스를 제공하는 대상이 아니라 진정한 서비스로 욕구충족을 시키는 대상인 셈이다. 결국 관광기업에서 불리어지는 고객이란 그들의 욕구를 충족시켜주어 관광서비스 상품을 지속적으로 이용토록 하고 그로 인한 수익으로 기업이 유지될 수 있게 하는 매우 중요한 대상이다.

2) 고객의 정의

(1) 어원적 정의

❶ 우리말 어의

국어사전에서는 고객을 단골손님, 상객(上客), 영업상의 손님으로 정의하고 있다. 상객은 또한 지위가 높은 손님, 중요한 손님, 상빈(上賓)으로 정의한다. 손님은 손의 존댓말이며 손은 딴 곳에서 찾아온 사람, 주인을 찾아온 사람, 영업하는 집에 찾아온 객(客)이다. 단골손님은 늘 정해놓고 거래하는 손님으로 뜨내기손님이 아니다. 그렇다면 일반 손님보다는 더 자주 이용하는 손님이며 더 귀하게 여겨야 할 손님이다.

(2) 한자의 정의

고객(顧客)의 고(顧)는 ‘ 돌아볼 고’로 돌보다, 돌아보다, 생각하다, 찾아보다, 보살피다, 사랑하다, 방문하다의 뜻이 있다. 객(客)은 ‘손님 객’으로 손, 손님, 사람, 상객(上客), 단골손님으로 풀이하고 있다. 이 두 글자를 종합하면, 고객이란 불특정 다수의 사람을 귀한 손님으로 모시고 자주 찾아오는 단골손님으로 만들어 항상 돌보아 보살피고, 생각하고, 찾아보고, 사랑하여 받들어 모실 존재라 할 수 있다. 즉 영업하는 곳에서 물건을 사거나 서비스를 받거나 하기 위해 찾아오는 손님을 다소 격식을 갖추어 이르는 말로 상객(常客)으로 표현하고 있다.

(3) 영어(Webster's 사전)의 어의

첫째, Guest (A person entertained at the home, club, etc, of another., any paying customer of a hotel, restaurant, etc., performing by special invitation)이다. Guest는 Host(주인)의 반대말로 초대받은 손님, 환대받을 귀빈이다. 마케팅 측면에서 Guest의 의미는 고급 서비스를 제공하는 환대산업에서의 고객을 지칭하며 호텔이나 고급 레스토랑에서 주로 사용한다.

둘째, Customer (A person who buys, esp. one who buys regularly)이다. Customer는 '습관, 관습, 관행'을 뜻하며 습관적으로 행하는 특히, 어떤 대상이나 물건을 습관적으로 이용하는 것을 의미한다. Customer에는 기업이 단순히 구매자를 끌어들이기보다는 고객을 찾아내고 키워나가는 것이 더 중요하다는 의미가 내포되어 있다. 즉, 고객은 습관적으로 물건을 구매하는 단골손님이라는 의미가 강한 표현이다. 일정기간 반복구매로 이루어진 단골손님이 Customer이고, 오고 가며 어쩌다 들르는 단순한 뜨내기손님은 고객이 아니라 구매자에 불과하다. 이 말의 어원에서 보듯이 진정한 의미의 고객은 오랜 시간에 걸쳐 만들어지는 것이다.

셋째, Consumer(A person or thing that consumes ; specif., one who good.)이다. Consumer는 Producer(생산자)의 반대말로 최종 소비자를 뜻한다. 따라서 중간 판매상이나 제조업자와 같이 재생산을 위한 구매는 해당되지 아니한다. 그러므로 오늘날의 서비스 사회(Service Socicty)에서는 고객이라는 말도 잘 사용되지는 않는다.

넷째, Buyer (One who buys ; consumer, one whose work is to buy merchandise for a retail store)이다. Seller(판매자)에 반대되는 말로 구매자를 뜻한다. 최종 소비가 목적이던 재생산이 목적이던 상관치 않는다. 공급자(Supplier)의 반대 개념인 수요자(Demander)의 의미로 보통 사용된다.

관광기업에서의 고객은 단순히 생산된 제품을 소비하는 소비자(Consumer) 혹은 구매하는 구매자(Buyer) 와 구별하여 개념을 파악해야 할 것이다. 즉 제품의 유통과정에 있어서 최종적으로 제품을 소비하는 사람을 고객으로 볼 것인지 혹은 소비자로 볼 것인지에 따라서 그 의미는 달라진다. 관광서비스 상품은 더욱 그러하다. 고객은 관광기업이 존재하도록 하는 사람인 동시에 그 기업 내에 종사하는 모든 종업원을 구성하게 하는 사람이다. 또한 관광기업의 관점에서는 기업내부에 있는 구성원 모두가 고객이기도 하다.

고객은 내부고객(Internal customer)과 외부고객(External customer)이 있으며 일반적으로 통용되는 고객은 외부고객을 의미한다. 현대사회에서 고객이라는 의미는 무조건적으로 혹은 헌신적으로 서비스를 제공하는 대상이 아니라 진정한 서비스로 욕구충족을 시키는 대상인 셈이다. 결국 관광기업에서의 고객이란 그들의 욕구를 충족시켜주어 관광서비스 상품을 지속적으로 이용토록 하고 그로 인한 수익으로 기업이 유지될 수 있게 매우 중요한 대상이다.

3) 고객의 개념

고객이 받는 대접의 강도는 수요와 공급의 상관관계에서 찾아볼 수 있다.

물재가 부족하여 공급에 비해 수요가 넘쳐나던 시대에는 고객은 안중에도 없는 한낱 귀찮은 손님(苦客)이였다. 공급은 스스로 수요를 창조한다(Supply creates its own demand)는 세이의 법칙(Say's Law)이 신봉되던 당시엔 기업경영의 최대과제는 대량생산이었으며 과잉생산은 있을 수 없는 현상이었다. 소비자는 생산자가 공급자에게 매달려 상품을 달라고 졸라대는 귀찮은 존재일 뿐이었다. 오늘날에도 성수기(Peak Season)의 시장 풍경에서 이러한 모습을 엿볼 수 있다. 당시의 서비스는 생산자 주도형의 강압적 서비스였다.

산업혁명(Industrial Revolution) 이후 대량생산 시대에 들어서면서 수요와 공급이 균형을 이루자 고객은 고정적인 손님(固客)으로 머물고 서비스의 수준도 고객간에 차별이 없는 평범한 평등 서비스를 제공하게 되었다.

수요에 비해 공급이 넘치는 과잉공급현상이 일어나고 과당경쟁이 심화되자 고객은 돌보아야 할 단골손님(顧客)으로 자리 잡게 되었다. 고객을 앉아서 기다리는 것이 아니라 찾아 나서는, 적극적인 수요창조(Customer Creation)는 고객만족지향의 서비스 개념을 이끌어내었다.

고객의 개성이 다양하고 다양한 만큼 욕구도 천차만별이어서 고객을 만족시키기는 쉽지 않다. 고객만족, 고객감동, 고객사랑은 한마디의 말로 이루어지는 것은 아니며, 고객을 최고의 손님(高客)으로 인식하고 고객 개개인에게 적합한 최고의 서비스를 제공함으로써 이루어진다. 협의의 고객은 단순히 상품이나 서비스를 구매하거나 이용하는 손님을 지칭하지만 광의의 고객은 상품이나 서비스를 생산하고 전달하고 소비하는 전 과정(Total Process)을 통해 관련된 나 이외의 모든 사람이다. 전자가 외부고객(External Customer)이라면 후자와 관련된 사내의 종업원들은 내부고객(Internal Customer)이 된다. 특히 인적 의존도가 높은 환대산업의 서비스 종사원은 그들 자체가 서비스 상품으로 기업의 이미지를 구축하고 고객의 눈에 비추어지게 되며 고객과 접촉하는 과정에서 스스로 마케팅 활동을 수행하는 마케터(Marketer)가 된다. 즉, 미래의 서비스는

[표 3-1] 시대의 변천에 다른 고객개념의 변화

수요와 공급 관계	고객의 명칭	고객의 개념	고객의 개성	서비스 이념
수요 > 공급	苦 客	고객은 봉 (귀찮은 존재)	10인 1색	강압서비스
수요 = 공급	固 客	고객은 소비자 (평범한 손)	10인 10색	평범서비스
수요 < 공급	顧 客	고객은 왕 (단골손님)	1인 10색	고객만족서비스
수요 ≪ 공급	高 客	내부고객과 외부고객의 대응	1인 100색	최적서비스

출처 : 최동열, 관광서비스(기문사, 2001).

내・외부 고객의 상호 관계 속에서 고객만족과 감동의 고품질 서비스를 제공하게 되는 내부 마케팅(Internal Marketing)의 중요성이 대두되고 있다.

4) 현대적 정의

기업과 서비스의 존재여부는 고객에 달려있다. 고객은 서비스를 구매함으로써 서비스 기업의 성장을 촉진시키고 기업으로 하여금 어떤 서비스를 생산할 것인가를 알려주는 안내자 역할도 한다. 고객은 럭비공과 같아서 언제 어느 방향으로 튕겨져 나갈지 모른다. 자신의 욕구(Wants)와 필요(Needs)에 따라 서비스 상품을 구매할 뿐이다. 필요와 욕구는 조석으로 변하고, 상품이나 서비스의 성능이나 질에 따라 쉽게 동요된다. 오늘날의 고객은 개성이 독특하고 다양하여 그들의 욕구를 모두 만족시키기는 쉽지 않다. 고객은 과거에 얽매이지 않으며 미래지향적이므로 영원한 단골도 없다. 앞에서도 언급하였지만 고객이란 최종소비자뿐만 아니라 상품이나 서비스의 생산과 전달 그리고 소비에 이르는 전 과정(Total Process)에 관여하는 나 이외의 모든 사람이다. 기업이 생산할 서비스를 결정하는 사람, 상품이나 서비스의 가치제고에 기여하는 사람, 그리고 그것을 소비하는 사람이다. 내부고객의 만족 없이는 훌륭한 서비스를 고객에게 전달할 수 없으며 서비스를 전달하는 딜러(Dealer)의 만족 없이는 외부고객인 소비자를 만족시킬 수 없다. 내부 마케팅의 필요성이 현대의 서비스 기업에서는 대단히 중요한 개념(Concept)으로 자리 잡아 가고 있다.

2. 고객의 중요성

물건이 없어 못 팔던 과거에는 마케팅이란 개념도 없었을 뿐만 아니라 생산자 위주의 판매행위가 이루어져 고객의 선택의 폭은 지극히 한정적일 수밖에 없었다. 그러나 지금은 상황이 역전되어 고객의 시장에 대한 선택의 폭은 상상을 초월하는 정도에 이르렀다. 기업은 고객 없이는 존재할 수 없으므로 적극적으로 고객을 찾지 않으면 안 되며 새로운 수요를 만들어내지 않으면 안 된다. 고객의 중요성을 인식하지 못한 기업은 기업으로서의 가치가 없다.

고객의 욕구는 무엇이며 고객은 무엇을 필요로 하는가, 고객의 불만은 어떠한 것이며, 그 불만을 수용할 수 있는 태세는 갖추었는가? 고객 개개인은 차별화된 어떤 욕구를 가지고 있는가? 고객은 환영받고 싶어 하고 오래 기억되기를 바란다. 고객은 존경을 받고 싶어 하며 중요한 사람으로 인식되기를 바란다. 고객은 편안해지고 싶고 칭찬받고 싶어 한다. 또 고객은 자기의 기대와 요구를 받아들여 주기를 원한다. 고객은 이제 기업의 생존 수단을 넘어서 기업의 목적이며 이상(理想)이다. 고객의 중요성은 아무리 강조해도 지나치지 않는다.

1) 고객은 절대적 존재이다.

고객은 항상 정당하고 옳다. 고객은 왕이며, 황제이며, 신이다. 고객은 늘 가까이 있지만 아내처럼 다루기 까다로운 존재다. 고객은 여인네 마음처럼 섬세하고, 변덕쟁이라서 마음에 들지 않으면 언제라도 떠나버린다. 고객은 외국인과 같아서 고객이 쓰는 언어가 아니면 알아듣지 못한다. 고객은 기업의 최종 결재권자이다. 고객은 무소불위의 자리에 있다. 아무리 제품의 성능과 품질이 우수하고 마케팅 기술과 서비스가 뛰어나더라도 고객이 팔아 주지 않으면 그만이다. 고객이 기업의 운명을 결정하는 열쇠다. 귀중한 존재, 절대적 존재 그것이 곧 고객이다.

2) 고객은 기업의 주인이다.

고객을 잃으면 기업을 잃는 것이다. 기업의 재산은 고객이다. 기업이 보유하고 있는 부동산, 제품, 첨단기술, 노하우(Know-How), 숙련된 인력은 단지 고객을 끌어들이기 위한 수단에 불과하다. 그러므로 단골고객의 확보는 재산의 축적이 되며, 고객관리는 재산관리라 할 수 있다. 기업의 주인은 소유주가 아니라 고객이며 고객은 최고의 재산이다.

3) 고객은 안내자이다.

고객은 구매를 통하여 기업의 성장을 촉진시키고 기업으로 하여금 어떤 제품과 서비스를 만들어 낼 것인가를 알려주는 안내자로서의 역할을 한다. 기업은 고객의 소리(VOC : Voice Of Customer)에 귀기울여야한다. 고객의 욕구를 찾아내고 불만을 수용하고 시정하지 않으면 떠나고 만다. 진정한 고객은 물건만 사가는 사람, 단순한 판매 대상으로서의 고객이 아니라 기업을 함께 이끌어 갈 동행인이며 안내자라는 사실이다. 고객은 상품의 구매를 위해 돈을 지불하는 것이 아니라 기업에 투자하는 것이며, 고객의 투자가 기업을 존속시키는 생명의 끈이 된다.

4) 고객은 변덕이 심하다.

고객은 조석으로 마음이 변한다. 고객과 개구리와 럭비공은 공통점을 갖는다. 언제, 어느 방향으로 튈지 예측이 어렵다. 오늘날과 같이 소비계층이 다양해지고 세분화됨에 따라 고객의 성향을 예측하기란 쉽지 않다. 고객 개개인의 자유분방함과 독특한 개성은 마케팅 전략도 다품종 소량생산의 방식으로 바꾸어 놓았다. 고객은 과거에 연연하지 않으며 미래지향적이다. 단골고객의 확보가 기업의 최대목표이지만 고객의 변덕이 심한 만큼 어려운 일이다. 고객의 발상을 뛰어넘는 예측력과 새로운 소비 집단으로 떠오르는 N세대(New & Network Generation), 미시(Missy)족, 2Y2R세대(Too Young To Retire Generation), G세대(Green & Gold Generation), 실버세대(Silver Generation)등 각각의 소비계층에 섬세하게 접근할 마케팅 전략과 고객 달래기가 무엇보다도 필요하다. 개별적인 맨투맨 마케팅(Man To Man Marketing)의 필요성도 더욱 커지고 있다.

5) 고객은 민감하다.

고객은 5감(시각, 청각, 미각, 후각, 촉각)으로 제품과 서비스의 질을 느끼고 평가한다. 또한 그들은 대단히 민감하다. 고객의 소비구조가 다양화, 개성화됨에 따라 기업에서도 제품의 품질과 함께 서비스의 개발도 인간존중의 고객관리 즉, 휴먼웨어(Humanware)를 중시하는 서비스 관리로 전환되어야 한다. 고객은 단순한 소비단위로서가 아닌 인간적 가치, 생명과 생활문화의 생산단위로서 받아들여져야 한다. 고객은 기본적인 생리적 삶을 영위하기 위해 의식주를 소비하는 것이 아니라 소비를 통해서 사회적 지위, 권위, 위신을 나타내는 것이며 자신의 존재를 타인과 차별화시켜 나가기 위함이다. 르네상스 호텔의 고객개념은 고객의 중요성을 극명하게 보여주고 있다.

고객헌장

1. 고객은 우리 기업의 나아가 모든 기업의 생명의 본체이다.
2. 고객이 우리에게 의존하는 것이 아니라 우리가 그들에게 의존한다.
3. 고객은 우리기업의 목적이며 그들 없이는 아무것도 할 일이 없다.
4. 고객은 금전등록기 안의 돈이 아니다. 감정과 정서를 갖고 있는 인간이므로 마음에서 우러나오는 존경심을 갖고 접대하여야 한다.
5. 고객은 우리의 상품을 구매함으로써 우리에게 호의를 베푼다. 그러므로 고객이 필요로 하는 것과 원하는 것을 채워 드리는 것이 우리의 할 일이며 의무이다.
6. 고객은 당신의 봉급을 지불하는 사람이다.
7. 고객은 우리에게 만족을 느끼지 못할 때 언제든지 떠날 준비가 되어있다. 고객은 우리가 최선을 다하여 노력할 때 만족한다. 따라서 우리사업의 성패는 그들을 끝가지 만족시키는데 달려있다. 고객 없이는 우리의 사업이 존재할 수 없다는 것을 기억하라.

3. 고객의 유형

고객의 유형과 행동특성을 김왕상(2001)은 다음과 같이 설명하고 있다.

1) 고객의 유형

첫째, 부유계층형(Carriage Trade)이다. 부자단골손님은 높은 원가가 소요되지만 높은 가격을 지불할 용의가 있고 능력이 있는 고객이다.

둘째, 바겐형(Bargain Basement)이다. 바겐형 고객(Bargain Counter)은 가격

에 민감해서 싼 것만 찾아다니는 사람(Bargain Hunter)이지만, 상대적으로 서비스의 질에 덜 민감하다. 부유계층형 고객보다는 비용이 적게 든다.

셋째, 소극형(Passive)고객이다. 원가는 낮게 들지만 높은 가격을 수용할 용기를 가진 손님이며 주문 시 상당히 수익성이 높은 고객이 된다.

넷째, 공격형(Aggressive) 고객이다. 능동형(Active)고객은 최고의 품질을 요구하며 낮은 가격을 원하다. 공격형 고객은 일반적으로 대규모 거래를 하는 적극적인(Positive) 구매자로서 가격흥정을 하며 더 많은 서비스를 요구한다.

2) 고객의 행동 특성

(1) 자기중심적 행동

고객은 자기가 안고 있는 문제해결에만 관심이 있다. 자기가 알고자 하는 것은 즉시 물어보고 자기의 기대와 필요는 반드시 이룩하고자 하나 기업의 사정은 알려고도 하지 않는다. 알려주려고 해도 듣지 않으며 관심도 없다. 서비스 제공자는 이러한 고객의 자기중심적(Self-centered) 행동을 인식하여 업무를 수행하여야 한다. 고객은 항상 옳고 정당하며 고객과의 논쟁은 부질없는 짓이다. 실수와 잘못은 신속한 보상으로만 치유가 가능하다.

(2) 불만사항의 오랜 기억과 전달

고객은 자기중심적이어서 기업이 충분한 기대에 부합하게 되면 당연한 것으로 받아들이지만 기대에 못 미치면 불만을 갖는다. 그 불만을 머릿속에 오래 간직하고 그 사실을 남에게 전달하는 속성이 있다. 불만 사항을 해결해 주고 응분의 보상이 이루어지면 기억에서 사라지지만 만족한 내용보다는 불만족한 내용이 오래도록 기억되는 것이 사실이다.

(3) 기업에게 불만을 말하지 않는 경향

통계에 의하면 고객 중 불만을 하소연하는 경우는 3~4%, 참는 경우는 40%,

나머지 56~57%는 말없이 다른 경쟁자에게 가버린다고 한다. 고객은 불만을 어디에다 말해야 할지 잘 모르며, 불만을 토로해도 누구도 책임지고 잘 해결해 줄 것으로 믿지도 않는다. 조금 손해를 보더라도 참고, 거래를 끊으면 그만이라 생각하며 불만을 토로하는 자체가 시간낭비이고 덧없는 짓으로 여긴다. 그러므로 기업은 불만을 하소연하는 고객의 소리에 귀를 기울이고 적극적으로 고객의 불만을 수용할 겸허한 자세가 필요하다.

4. 고객만족 서비스

1) 고객의 서비스기대 (Customer Expectations)

(1) 고객의 기대

서비스 기업의 최우선과제는 최상의 서비스를 고객에게 제공하는데 있으며, 최고의 경영목표는 이윤추구가 아니라 고객만족에 있다. 고객만족여하에 따라 서비스 기업의 생존이 좌우되며, 고객만족이 서비스 기업의 전사적 지향점이다. 성공한 서비스(Successful Service)란 고객만족의 극대화를 통한 서비스 경영의 추구로 고정고객을 확보하고 그들의 구전에 의해 (From Mouth To Mouth) 새로운 고객이 창출(New Customer Creation)됨으로써 매출증가의 원동력으로 작용하는 서비스이다. 반대로 고객의 불만족은 고객의 상실뿐만 아니라, 형성된 나쁜 이미지가 잠재고객에게 전파되어 매출감소로 이어지는 악순환을 반복하게 된다. 고객은 자기의 마음속에서 서비스 품질에 관한 내부기준을 정해놓고 자신의 기대보다 높은 수준의 서비스를 제공받으면 만족해하고 기대에 못 미치는 낮은 수준의 서비스에는 불만족해 한다. 고객의 서비스에 대한 기대치와 종사원의 서비스 수행(Performance)사이에는 차이가 있게 마련인데 이를 서비스 격차라 한다. 서비스 경영자는 서비스 격차를 신속하게 메워야하며 서비스 격차가 최소가 되도록 미리 미리 준비하지 않으면 안 된다.

서비스 기업은 자사가 만들어 내는 서비스가 고객에게 어떻게 인식되고 있는지, 경쟁사의 서비스는 고객에게 어떻게 받아들여지고 있는지를 분석해 볼 필요가 있으며 이를 바탕으로 고객의 기대도를 정확히 파악한 고객개발에 활용할 수 있어야 한다. 서비스는 사람과 사람의 접촉과정에서 창출되며 서비스의 생산과정에 고객이 직접 참여 한다는 점에서 고객만족의 의미는 크다. 고객의 서비스에 대한 의견에 귀를 기울여 앞으로의 서비스 방향을 제시하여야 한다. 고객만족 서비스란 고객의 요구(Needs), 욕구(Wants), 기대(Expectation)에 부합되는 서비스를 제공하여 고객이 서비스를 재구매 토록 유도하고 새로운 고객창출을 이끌어내는 것이다. 따라서 서비스 기업은 서비스에 대한 고객의 요구, 욕구, 기대가 무엇인지 그 의견을 수렴하고 서비스 실행에 응용할 수 있도록 만전을 다하여 고객 충성도(Customer Loyalty)가 계속 유지되도록 하여야 한다.

(2) 고객의 기대 수준

고객의 기대는 상대적이며 주관성이 강하다. 즉, 고객 개개개인의 경험에 의해 고객의 기대는 형성되며 성별, 연령, 체격, 직업, 라이프스타일(Life Style), 문화, 지역성에 따라 기대의 수준이 다르고 기대의 모양도 다양하다. 고객만족은 서비스 업체가 대규모의 최신시설을 갖추어야 하는 것만은 아니며 인적 서비스의 양과 질이 많거나 높다고 이루어지는 것도 아니다. 서비스의 이용목적과 종류에 따라 고객의 기대수준은 천차만별이며 그 평가도 상대적이다. 예를 들면 고속도로 휴게소의 간이식당에서는 휴식이 신속히 제공되기를 기대할 것이고 인적 서비스의 양과 질에는 그다지 큰 기대를 하지 않을 것이지만, 고급의 호텔 레스토랑에서는 인적 서비스의 양과 질, 우아한 분위기, 신속한 음식의 제공보다 더 기대되는 것이다. 서비스의 기대수준은 고객이 희망하는 서비스를 상한으로, 최저 서비스를 하한으로 하는 허용구간을 형성하게 되며 서비스의 전달체계가 고객화(개별화)에 가까울수록 기대수준은 높고 표준화(대중화)에 접근할수록 기대수준은 낮아지게 된다. 특히 습관화된 기대대로 서비스가 제공되지 않으면 기대의 파괴가 일어나는데, 고객의 기대수준을 넘는 서비스가 제공되면 긍정적인 기대의 파괴가 일어나 고객만족을 넘어 고객감동으로 이어지고 기대수준에 못 미치는 서비스가 제공되면 부정적인 기대의 파괴가 일어나 고객은 만족하지 못하고 결국은 고객 상실로 이어지게 될 것이다.

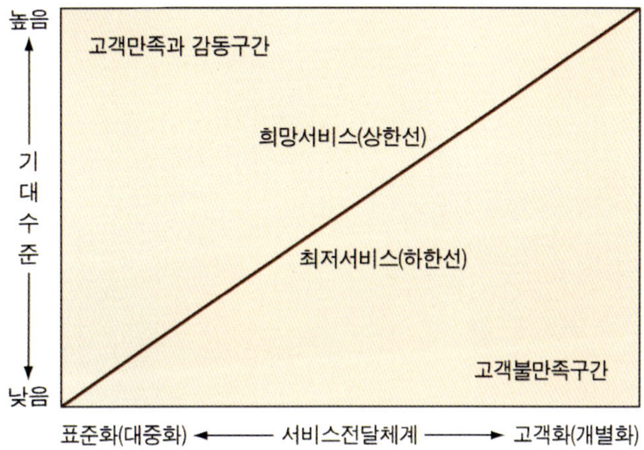

출처 : 이정학, 서비스경영(기문사, 2001).

[그림 4-1] 고객의 서비스 기대수준

(3) 고객의 요구(Customer Needs)

고객의 욕구(Wants)가 모여 필요 즉, 요구(Needs)를 형상한다. 요구는 어떤 기본적인 만족에 대해 부족함을 느끼는 상태이고 이러한 요구의 특별한 만족 요인에 대한 욕망이 욕구이다. 고객니즈는 고객기대와는 달리 고객이 분명하게 표현할 수 없는 고객의 욕구내지는 요구사항이다.

고객의 기대를 충족시키는 데에는 고객니즈에 대한 만족이 우선 선행되는 것이 전재된다. 고객기대는 고객 한사람, 한사람 마다 천차만별이고, 고객의 공통적 요구사항이 고객필요 즉, 니즈(Needs)로 표출된다. 안전에 대한 고객의 욕구, 공정성에 대한 고객의 욕구, 특히 자아실현에 대한 욕구는 관광서비스 분야에서 공통적으로 필요로 하는 고객의 니즈이다.

항공여행의 안전도가 떨어지면 아무리 기내 서비스나 지상 서비스가 훌륭한 시스템을 갖추었다 하더라도 고객은 이탈하고 만다. 또한 고객에 대한 불공정한 대우는 무의식적인 것일지라도 그 기업과 더 이상의 거래를 원치 않게 하여 고객을 떠나가게 할 뿐만 아니라 잠재고객마저 상실케 한다. 기업의 나쁜 이미지가 소문으로 전파되기 때문이다.

고객의 요구를 만족시키고 그들이 기대보다 더 큰 만족을 주는 것은 서비스에 대한 고객의 높은 평가를 얻게 되지만, 고객의 요구와 기대는 오랫동안 만족되지 않는다. 새로운 기술과 새로운 발견은 고객의 요구와 기대를 새로운 것으로 변화시킨다.

(4) 고객의 권리

고객의 권리는 소비자가 사회내지는 경제의 틀 속에서 향유할 수 있는 기본권리로서 소비자 보호와 소비자 행정의 차원에서 요구되는 권리이다. 고객의 권리주장이나 최소한의 법적, 제도적 장치를 무시하고 고객을 대우한다면 기업은 고객으로부터 버림받은 기업으로 전락하고 결국 사라지고 말 것이다. 가장 기본이 되는 고객 즉, 소비자의 권리는 다음과 같다.

첫째, 안전할 권리이다. 고객은 제품이나 서비스를 구매한 다음 발생하게 되는 심적, 물적 피해로부터 안전하게 보호받을 수 있어야 하는 가장 기본적인 권리이다.

둘째, 정보를 제공받을 권리 즉, 알 권리이다. 고객은 폭넓은 지식과 정보를 갖고 올바른 판단 하에 제품과 서비스를 선택하고 이용할 수 있어야 한다. 합리적 소비생활의 전제조건은 정보부족으로 인한 부당거래 및 피해로부터 해방되어야 할은 당연하다.

셋째, 선택할 권리이다. 개방시장의 환경 속에서 자유의사에 따라 제품과 서비스를 선택하고 구매할 수 있는 권리이다. 개방시장(Open Market)이란 자유롭고 공정한 시장 조건하에서 고객의 자유의사로 경쟁가격 비교 우위에 따라 강매나 거짓정보 없이 선택되고 구매되는 시장이다.

넷째, 의견을 반영할 수 있는 권리이다. 고객은 구매한 제품이나 서비스에 대하여 불만을 전달할 수 있으며 구제받을 권리를 갖는다. 기업체 입장에서도 이들의 의견이나 불평을 수렴하고 서비스 전략에 반영하여 고객의 권리를 존중해 나가지 않으면 살아남기 어렵다.

다섯째, 피해를 보상받을 수 있는 권리이다. 고객은 제품과 서비스의 사용으로 인한 피해를 공정한 절차에 따라 적절한 보상을 신속하게 구제받을 권리가 있다.

여섯째, 교육받을 권리이다. 합리적인 소비생활을 영위하기 위하여 고객은 소비자 교육을 받아야 한다. 자주적이고 주체적인 소비생활을 통해 소비자 권익은 보장되어야 한다. 기업을 포함한 관련기관은 소비자를 위한 교육을 시행할 의무가 있다.

일곱째, 고객은 스스로 권익을 옹호하기 위하여 단체를 조직하고 이를 통하여 그들의 활동을 자유롭게 행할 수 있는 권리를 갖는다.

여덟째, 고객은 쾌적한 환경 속에서 소비생활을 향유할 수 있어야 한다.

(5) 고객의 서비스 참여와 역할

고객은 서비스에 대해서 지각하는 자(Perceiver Of Service)이다. 서비스의 질은 고객의 실제 경험에 의해 평가된다. 고객만이 서비스의 질을 판단 할 수 있다. 고객 자신이 훌륭한 서비스를 받고 있는 사실을 지각해야한다. 그러므로 훌륭한 서비스를 제공하기 위해서는 고객을 이해하는 것이 무엇보다 중요하다. 고객이 무엇을 기대하고 또 그들이 서비스를 어떻게 인지하고 있는지를 모르고서는 서비스의 질과 객관적 평가를 연관시키는 것은 불가능하다. 서비스 제공자는 서비스를 찾는 고객이 어려움을 겪고 있다는 것을 기억해야만 한다.

❶ 생산자원(Productive Resources)으로서의 고객

서비스에서 고객은 조직의 생산역량을 키워주는 인적 자원(Human Resources)으로 작용한다. 부분 종업원(Partial Employee)으로서의 고객자원의 투입은 서비스 조직의 생산성(Productivity)에 영향을 미친다. 사우스웨스트 항공사(Southwest Airline)는 기본적인 핵심 서비스를 충실하게 수행하기 위하여 고객에 의존하여 항공사 전체의 생산성을 증가시키고 있다. 비행기를 갈아탈 때 승객 스스로 자기 짐을 옮기고, 음식도 가져와야 하고, 자리도 고객 스스로 찾아 앉는다.

서비스의 생산과정에 고객이 참여하게 되면, 고객이 생산제품의 양과 질에 영향을 줄 수 있고 고객의 태도나 행위를 통제할 수 없으므로 고객이 수행할 역할을 명확하게 하여야 한다.

서비스를 제공받는 고객을 부분 종업원으로 간주하여 고객의 참여를 극대화하는 서비스 과정(Service Process)을 설계한다면 서비스 제공을 능률적으로 수행할 수도 있다. 셀프 서비스(Self Service)를 이용하는 것을 장려하기 위해 가격을 인하함으로써 고객의 모티베이션(Motivation)을 향상시켜 고객이 직접 서비스에 참여토록 유도하는 방법도 한 예이다.

❷ 서비스 품질 · 가치 · 만족에 기여하는 공헌자

고객은 그들이 제공받는 서비스의 품질이나 가치, 그리고 자신이 느낄 만족에 공헌한다. 그들은 자신이 서비스 생산과정에 참여함으로써 생산성이 증가한다는 사실에는 별로 관심이 없으나 자신의 욕구충족여부에 더 많은 관심을 갖는다. 효과적인 고객참여는 욕구가 충족될 가능성을 그만큼 증가시켜 준다.

❸ 경쟁자로서의 고객

서비스 고객은 잠재적인 경쟁자이다. 고객은 서비스 제공과정의 일부분을 수행하기도 하고 때로는 전 과정에 걸쳐 서비스를 수행하기도 한다. 그렇기 때문에 어떤 의미에서도 고객이란 서비스 기업의 경쟁자가 된다. 팁(Tip)을 지불하여야 할 서비스의 경우에는 서비스 제공자를 회피하여 고객이 직접 처리함으로써 이러한 상황을 벗어날 수도 있다. 단순 서비스를 직접 생산할 것인지, 아니면 누군가에게서 서비스를 제공받을 것인지 고객은 항상 고민한다. 서비스를 외부교환하지 않고 내부교환으로 직접 생산한다면 고객은 서비스 기업의 틀림없는 경쟁자이다. 고객은 서비스 제공과정의 일부분이다. 고객지향적인 서비스는 고객을 서비스 제공과정의 가운데에 둔다. 서비스 제공자는 고객의 눈을 통해 그들의 조직과 서비스를 보는 방법을 배워야 한다.

관광서비스의 핵심은 고객만족(CS : Customer Satisfaction)이다. 그러면 고객을 만족시킨다는 것은 무엇이며, 고객만족은 왜 필요한가? 많은 관광기업에서 고객만족실현을 위한 노력을 하고 있다. 이는 관광서비스에 있어서 고객만족은 최고의 품질을 증명하는 결과이기 때문이다.

2) 고객만족의 개념

혹자는 고객만족에 대해서 "고객의 성취반응이므로 정해진 수준 이상으로 고객의 기대를 충족하는 것으로써 품질은 인지되지만 만족은 보통 경험되는 것이므로 고객의 감정적 과정에 의해 강하게 영향 받는다. 만족은 이렇게 정해진 주관적인 기대수준에 의해 좌우되므로 객관적으로 낮은 혹은 높은 품질로도 개인의 기대에 따라 만족을 얻거나 얻지 못하는 경우가 생긴다. 따라서 고객만족이란 고객의 욕구와 기대에 최대한 부응한 결과 제품과 서비스의 재구입이 이루어지고 더불어 고객의 신뢰감이 연속되는 상태를 의미한다."라고 주장하고 있다.

한편 품질과 만족을 다음과 같이 구분하고 있다. 품질판단의 기초가 되는 차원은 힌트나 속성 등과 같이 구체적인데 반해, 만족에 대한 판단은 품질과 상관없이 어떤 차원으로 부터로도 올 수 있다. 즉 만족은 서비스 제공자가 통제할 수 없는 요소, 다시 말해 품질차원이 아닌 것에 의해 얼마든지 좌우될 수 있다. 예를 들어 레스토랑에서 신용카드로 대금을 결재할 경우 카드 조회 시 걸리는 시간을 들 수 있다. 또한 만족은 품질 외적인 요소, 즉 평등의식이나 공정성 같은 것에 의해서도 크게 좌우될 수 있으며 귀속, 감정, 인지적·감정적 과정에 영향을 강하게 받는다. 결국 높은 품질에도 불구하고 불만족한 경우를 볼 수 있다. 즉 고급레스토랑에서 평소 친근한 종업원이 부재중일 때 실망하는 고객이 좋은 예가 된다.

이상으로 볼 때 관광서비스 고객만족이란 관광서비스 고객만족이란 관광서비스 제공에 따른 고객의 일정한 수준 혹은 기대충족의 성취반응이라 할 수 있다.

3) 고객만족의 구성요소

고객을 만족시키기 위한 구성요소는 어떠한가? 고객만족의 개념에서 살펴보았듯이 만족이라는 개념은 품질과 구분이 가능하다. 따라서 고객 만족의 구성요소를 서비스품질과 비교하여 설명하고자 한다. 혹자는 품질과 만족은 분석수준에서는 다르지 않지만 두 개념의 원인과 결과는 근본적으로 다르다는데 학자들 간의 의견일치를 보이고 있으므로, 만족은 서비스의 구체적인 차원에 초점을 맞춘 서비스품질에 대한 평가보다 넓은 개념으로 보아야하며, 이러한 관점에서 지각된 서비스 품질은 고객만족 구성요소의 하나에 불과하다는 견해이다.

서비스 품질은 제품 품질, 서비스 품질, 가격, 상황적 요인, 고객만족의 다섯 가지 차원에 대한 고객지각을 반영한 평가이다. 반면 만족은 보다 포괄적이어서 서비스품질, 제품품질, 가격에 대한 지각뿐만 아니라 개인적인 요인을 포함한 상황적 요인에 의해 영향을 받는다. 예를 들어 관광서비스부문 중 항공사의 서비스품질은 비행일정에 따른 목적지로의 출발과 도착의 여부(신뢰성), 항공예약/발권, 탑승수속, 수하물처리 능력 등에 대한 신속함에 있어 서비스요원들이 고객의 요구에 얼마나 잘 응대하는지(대응성), 비행에 있어 얼마나 안전한 기록을 보장하는지 혹은 기내서비스를 하는 직원의 유능함과 같은 믿음은 어떠한지(확신성), 특별고객의 요구사항에 대한 이해정도와 고객 개개인의 욕구에 대한 정확한 예측(공감성), 그리고 항공서비스의 물리적인 표현으로서 항공기 · 항공장비 · 인력구조 · 예약 발권영업대리점 · 직원의 유니폼 등의 외형적인 요소(유형성) 등에 의해서 평가된다.

그러나 항공서비스의 고객만족은 이러한 다섯 가지 서비스품질의 차원이외에 제품 품질(항공사에서 판매되는 제품의 품질), 항공권 가격, 그리고 고객의 기분과 같은 감정 상태, 날씨(탑승한 승객이 항공사의 약속된 시간에 목적지까지 도착하는 것은 당연시하고 있지만 악천후 영향으로 인해 날씨가 매우 안 좋다는 걸 인식하게 되면 정시 도착보다는 무사히 착륙하기만을 희망할 것임) 등과 같은 일시적인 변화로서의 조절 불가능한 상황적 요인에 의해서도 영향을 받게 된다.

호텔 리츠칼튼의 고객만족

'신사숙녀를 모시는 신사숙녀가 되어야 한다.'는 모토 아래 호텔 리츠칼튼 서울은 언제나 최고의 서비스만을 고집합니다. 고객의 방문 목적과 취향에 맞는 다양한 객실, 세련된 비즈니스를 위한 최고의 서비스, 최고의 주방장들이 선사하는 세계 각국의 진미, 특별한 날을 최고로 빛내드리는 웨딩 및 연회 서비스, 그리고 건강과 휴식을 위한 최고의 휘트니스 센터 등… 호텔 리츠칼튼 서울은 고객 한분 한분을 최고의 귀빈으로 모실 수 있도록 모든 세심한 부문에서 최상의 준비를 하고 있습니다.

• 리츠칼튼인의 신조

- 리츠칼튼 호텔은 고객의 편안함과 고객에 대한 정성어린 배려를 위하여 최선을 다하는 것을 가장 중요한 임무로 삼는 곳이다.
- 우리는 고객이 친절하고 품위 있는 분위기를 느낄 수 있도록 최선의 개별서비스와 시설을 제공할 것을 다짐한다.
- 우리의 고객이 새로운 느낌과 만족감을 경험할 수 있도록 하며, 고객이 표현하지 않은 기대와 요구까지도 충족시킨다.

• 사 훈

우리는 신사 숙녀를 모시는 신사 숙녀이다.
We Are Ladies and Gentlemen Serving Ladies and Gentlemen.

• 서비스의 3단계

① 따뜻하고 진실 된 마음으로 고객을 맞이하며, 되도록 고객의 성함을 사용한다.
② 고객이 원하는 바를 미리 예측하고 부응한다.
③ 따뜻한 작별 인사로 고객에게 감사를 드리며, 되도록 고객의 성함을 사용한다.

• 리츠칼튼의 기본수칙

리츠칼튼인의 20가지 기본수칙에는 다음과 같은 내용이 포함되어 있다.

- 리츠칼튼 철학과 스텐다드
- 품질 향상 과정
- 전화예절
- 안전, 자산 보호, 환경보호
- 문제 해결 과정
- 복장과 용모규정
- 하우스키핑

이 기본수칙은 전 세계 리츠칼튼 호텔에서 고객들의 기대에 부응하는 일관된 서비스를 제공할 수 있도록 해줍니다.

• 직원에 대한 약속

리츠칼튼에서는 우리의 신사 숙녀들이 고객에 대한 서비스에서 가장 중요한 자원이다. 신뢰와 정직, 존중, 성실과 약속을 바탕으로 우리는 개인과 회사의 이익을 위해 그들의 재능을 발전시키고 최대화시킬 것이다. 리츠칼튼은 다양함이 존중받고, 삶의 질이 향상되며, 개인의 포부를 만족시키고, 리츠칼튼의 신비함이 강화되는 근무환경을 만들 것이다.

호텔리츠칼튼, 2001

4) 고객만족의 필요성

서비스기업에 있어 고객만족이 필요한 이유는 기업의 매출이 신규고객과 기존고객의 반복구매에서 일어나기 때문이다. 새로운 고객을 끌어들이는 것은 기존의 고객을 유지하는 것 보다 많은 비용이 든다. 그러므로 신규고객 창출보다 기존고객의 유지가 기업의 생존에 보다 중요하다. 이러한 중요성을 갖는 고객유지의 핵심은 바로 고객을 만족시키는 것이다. 만족한 고객은 반복구매를 하며 다른 사람에게 서비스에 대해 좋게 평가할 뿐만 아니라 경쟁업체의 브랜드와 광고에 관심을 크게 쏟지 않고 그 회사의 다른 서비스에 대해서도 호의적인 반응을 보내기 때문에 만족한 고객은 단순한 매체광고보다 훨씬 더 효과적인 광고수단이 될 수 있다. 고객만족은 불만족한 고객의 행동을 살펴봄으로써 더욱 명확하게 알 수 있다.

한 조사에 의하면 일반적으로 만족한 고객은 제품에 대한 좋은 경험을 3명의 타인에게 말하는 반면에 불만족한 고객은 11명에게 그 내용을 전달한다고 한다. 결국 한 기업의 관점에서 고객만족 경영은 그 기업의 좋은 이미지와 시장 확대를 위해 매우 중요하다.

첫째, 고객만족의 결과는 기업의 궁극적인 목적인 이익을 가져다주기 때문이다.

둘째, 고객만족에 의한 긍정적인 경영성과는 최일선 서비스종사원 개개인과 조직의 구성원을 존재하도록 하며, 더 나아가서는 사회 및 국가의 안정을 꾀하기 때문이다.

관광서비스 제품은 모방이 매우 쉽다. 예를 들어 어느 여행사에서 유럽 배낭여행상품을 만들어 고객에게 판매하여 많은 이익을 보게 되면 많은 다른 여행사들은 거의 같은 여행내용으로 상품을 만들어 판매한다. 또한 어느 호텔에서 개발한 차별화된 서비스가 큰 성과를 보게 되면 다른 경쟁업체들이 같은 서비스를 고객들에게 제공하는 경우를 볼 수 있다. 따라서 관광서비스 기업은 날로 치열한 경쟁 속에서 동종업체와의 경쟁력을 키우지 않으면 안 된다.

이와 같은 동종기업의 무한경쟁과 고객의 욕구가 날로 고급화·다양화·개성화되는 시점에서 고객지향적인 사고로 전환하여 고객만족 경영에 관심을 집중하는 것은 당연한 일이다. 그러나 지속적인 고객만족 경영을 위해서는 고객의 만족을 창출하는 것도 중요하지만, 고객의 불만을 효과적으로 처리하여 고객충성으로의 전환이 필요하다.

고객만족서비스를 위한 9가지 법칙

- **고객을 먼저 알아보자.**
  우리의 일상생활 가운데에서 기분을 즐겁게 해주는 한 경우는 본인이 모르는 사람이 자신의 이름을 기억해 주었을 때이다. 예를 들어 고객이 호텔의 현관데스크 또는 Bell Captain 데스크에 발을 들여 놓자마자 자신의 이름을 부르는 인사를 받았을 때 그 고객은 매우 감동한다.
- **첫인상을 좋게 하라.**
  첫인상이 나쁘면 이를 만회할 기회가 좀처럼 오지 않는다. 고객이 서비스업체에서 겪게 되는 첫 경험은 그의 마음에서 이미지를 심어준다. 고객이 받는 이러한 인상은 보통 즉각적이고 직감적으로 나타난다. 주차장의 조명상태는 잘되어 있는가? 현관 입구의 Carpet은 혹시 지저분하지 않은가? 귀 업체의 Porter, Hostess, Front-de나 Clerk은 고객에게 필요한 최소한의 인사를 잘하고 있는가? 이상과 같은 여러 가지 요인들이 당 업체에 대한 고객의 첫 인상을 결정하는데 중요하게 작용한다.
- **고객의 기대감을 충족시켜라.**
  고객은 불편을 끼치지 않는 안락한 환경을 원한다. 그들은 귀 업체에서 만들어낸 영업에 관한 책자를 읽어보려고 하지도 않고 회사의 정책이나 업무절차를 이해하려고 신경 쓰지도 않는다. 또한 업무절차에 따라 이행하는 것조차 별로 관심이 없다. 그들이 원하는 것은 불평할 것 없이 자신들의 욕구만 충족되기를 바랄 뿐이다.
- **고객의 수고를 덜어라.**
  고객은 귀 업체의 서비스를 구입함에 있어서 가능한 적은 노력과 수고를 들이려고 원한다. 따라서 그러한 노력과 수고는 판매업소 측에서 부담해야 하며 고객이 주문하기도 쉽고 방도 구하기 용이하며, 지불절차도 간편해야 한다.
  오늘날 우리 사회는 편의 위주의 사회가 되었다. 그래서 레스토랑에 차를 몰고 직접 들어갈 수 있는 Drive-through, 음식을 싸가지고 밖으로 가지고 나갈 수 있도록 포장 해주는 Take-out, 또는 배달까지 해주는 Delivery service가 급속도로 발전하였다. 비록 겉보기에 사소한 편의제공으로 보이지만 결과적으로 엄청난 차이를 가져온다. Franchise 레스토랑 회사인 Mr. Steak의 경우를 예로 들면, 이 레스토랑의 주요단골 고객층은 독신남녀들이다. 수년 동안 고객들의 지불방식은 Waitress가 청구서를 고객의 테이블에 놓으면 고객이 그걸 가지고 계산대에 가서 지불하는 절차를 취했다. 바쁠 때는 고객이 지불하기 위하여 줄서 기다려야했다. 고객들을 대상으로 설문조사를 한 결과 고객들이 줄서 기다리는 것이 시간낭비라고 생각되어 싫어하고 있다는 사실이 밝혀졌다. 그래서 식당업체측은 고객들이 직접 지불하거나 아니면 Waitress들에게 지불 업무를 대행할 수 있도록 조치를 취했다.
- **고객의 의사결정을 용이하게 하라.**
  고객들은 자기 스스로 결정하는 것을 별로 좋아하지 않는 경향이 있다. 더구나 자세한 내용을 잘 모르고 있을 때 더욱 그렇다. 이때 서비스요원인 당신의 도움이 필요하다. 판매 위주가 아닌 권유판매(suggestive selling)를 통하여 고객의 마음의 결정을 용이하게 해준다. 예를 들면 음료, 또는 디저트를 소개하는 내용을 로비, 식당, 기타 상점 등에 판매촉진용 Poster를 부착하는 것과 그리고 당일의 special menu의 소개 등이다.

- **고객의 견해에 초점을 맞추어라.**

 고객들은 서비스업체에 대해 나름대로의 견해를 가지고 있고 그것을 또한 현실로 받아들이고 있다. 업체의 입장에서 생각하고 있는 것처럼 고객들도 반드시 그렇게 생각하지 않는다. 업체에서 책정한 가격수준이 경쟁업소들의 가격수준과 동일하다든지, 또는 종사원들의 지식수준이 다른 경쟁업체보다 훨씬 높다든가의 문제는 고객들의 입장에서 볼 때 별로 문제가 되지 않는다. 고객이 볼 때 업체에서 제시한 가격이 비싸다고 생각하면 비싼 것이고, 종사원들이 최소한의 지식과 정보를 갖추지 못하고 있다고 고객들이 믿고 있다면 그것이 사실이라고 보지 않을 수 없는 것이다. 어떤 방식과 절차에 의하여 종사원 교육을 시켰는가의 문제는 일단 별도로 취급해야 한다.

- **고객의 시간 한계를 위반하지 마라.**

 기다리며 보낸 시간은 실제보다 4배쯤 길게 느껴진다고 한다. 배고픈 손님이 식당에 찾아왔을 때 음식을 기다리는 손님의 심정을 생각해 보면 이해할 수 있을 것이다.

 최근에 고급 레스토랑을 대상으로 실시한 서비스에 관한 연구결과를 살펴보면, 고객들은 어떤 식당에 들어가서 일정한 서비스를 받게 되기까지 2분 정도 기다릴 용의가 있다고 한다. 이것은 기다리는 고객의 입장에서 본 시간이므로 이러한 원리를 적용하여 실제 시간을 환산하여 보면, 즉 2분을 4로 나누면 실제 기다린 시간은 30초가 된다. 즉 30초는 고객이 신경질 내지 않고 기다릴 수 있다는 것으로 Time limit 이 바로 이러한 의미이다. 30초란 결코 긴 시간이 아니다. 30초는 전화벨이 다섯 번 정도 울리는 시간이며, TV광고 2편 정도의 시간이다. 그러나 기다리는 손님에게는 2분에 해당한다는 사실을 명심하여 신속한 서비스 제공의 중요성을 다시 한 번 유념해야 할 것이다.

- **고객이 회상하고 싶어 하는 추억을 만들어라.**

 사람들은 기억나는 좋은 시절을 다시 한 번 만들어내고 싶어 한다. 이러한 원리는 업체를 다시 찾아오도록 단골고객을 만들어내는 기초가 된다. 사람들은 자기 자신이 영리하다고 느끼는 것을 좋아한다. 예를 들어 고객이 어느 호텔의 객실에서 안락하게 잠을 자고, 식당에서 맛있는 음식을 먹고, 즐겁고 유쾌한 환대를 받고 가면 틀림없이 다시 찾아오게 마련이다. 즐거운 시절과 시간에 대한 정답고 아름다운 추억이야말로 일생을 통하여 영원히 잊을 수 없는 것으로 접객산업의 최상의 상품이다. 그들이 잊을 수 없는 좋은 추억을 가지고 귀국하면 가족 또는 친지들에게 이야기하므로 돈으로 살 수 없는 구전광고효과(Word-of-Mouth Advertising) 까지 얻게 된다.

- **고객들은 기분 나쁜 경험을 더 오래 기억한다.**

 사람들은 기분 나쁜 경험을 기분 좋았던 경험보다 더욱 오랫동안 생생하게 기억한다. 그들은 또한 기분 나쁜 경험에 관하여 더 많이 사람들에게 이야기하므로 악선전된 결과를 가져온다. 나쁜 소문은 사람들의 입에 오르내리면서 와전되기 시작하고 왜곡되어 나중에는 사실과 너무 동떨어진 사실로 전락하게 된다. 결국 찾아올 가능성이 있는 잠재고객까지도 잃게 만든다.

 고객이 빚지고 있다고 생각하게 하라.

 고객과의 서비스가 끝나면 종업원이 고객에게 제공한 기분 좋은 서비스 덕분에 고객이 그에게 빚지고 있다는 감정을 느끼도록 해야 한다. 고객이 지불한 값(계산서 금액)에 대해서만 고맙게 생각하면 안 된다. 고객이 업체를 떠날 때 가격 · 가치 측면에서 많은 이익을 보았다는 느낌으로 떠나도록 하여야 한다. 고객이 서비스에 대해 불평하는 이유는 금전상의 낭비라기보다는 시간낭비와 즐길 기회를 상실한 데 대한 분노이다.

The Cornell Quarterly, 1988)

5. 충성고객 서비스

서비스 제공에 따른 고객의 일정한 수준 혹은 기대충족의 성취반응이 서비스 고객만족이라면 고객충성도란 무엇이며 이와는 어떤 관련성이 있는가?

1) 고객충성도의 개념

고객만족경영(CSM)에 있어 "고객충성도(Customer Loyalty)"와 "고객 관계관리(Customer Relationship Management : CRM)" 는 가장 중요한 관심분야이다. 80년대 가시화되었던 고객만족경영에 있어 기업들의 초기 관심은 불만고객을 최소화하고 만족한 고객의 집단을 더욱 많이 만드는 일이었다. 그것은 고객만족점수와 고객의 구매행동 간에는 높은 상관관계가 있다는 가정 하에 고객만족점수가 높아지면 그 회사의 제품과 서비스에 대한 고객의 구매비중과 타인에게 추천하는 비율이 더욱 높아지며 더 높은 가격을 지불할 의향이 높을 것이라 생각했던 것이다.

그러나 몇몇 연구결과에서 고객만족수준이 높아진다고 해서 반드시 판매량과 이윤증가로 이어지지 않는다는 이론이 제기되면서 고객만족경영에 대한 일부 의구심을 갖게 되었다. 이러한 주장과 함께 고객만족과 판매증가(이윤 포함)에 대한 상관관계 연구가 활발하게 이루어지면서 고객충성도가 기업의 재무적인 성장을 예측하는데 보다 신뢰성을 가질 수 있다는 측면을 발견하게 되었다. 그리하여 자사에 고객충성도 비율이 얼마나 되느냐가 회사의 중요한 경영지표가 되면서 고객만족 추진에 따른 고객충성도 비율을 어떻게 증가시킬 것인가에 대한 관심이 증대되기 시작하였다.

고객충성도 개념에는 고객 이탈율(Customer Defection)이 5% 감소하면 순이익(Net Profit)은 25%~85%의 큰 증가를 가져올 수 있다는데 그 기초를 두고 있다. 그 이유는 고정고객의 효과 때문이다. 고정고객일수록 가격에 대해 덜 민감하고 새로운 고객을 유치하는 것(Seeking Customer)보다 비용이 적게 들어간다. 다시 말해 마케팅 광고비율이 줄어들고 촉진활동의 비용도 줄어들게 된다.

결국 새로운 고객을 유치하는 것보다 평균적으로 5배 정도의 비용이 덜 든다.

혹자는 고객충성도를 개념화하기 위해서는 다음과 같은 조건을 갖추고 있어야 한다고 주장하고 있다.

첫째, 정기적으로 반복구매를 하는 고객

둘째, 그 기업에서 제공하는 다양한 품목의 제품과 서비스를 포괄적으로 구매하는 고객

셋째, 다른 사람들에게 그 업체(혹은 서비스)를 추천하는 고객

넷째, 경쟁업체의 유인전략에 동요하지 않는 고객

다섯째, 고객충성도를 강조할 때 많이 인용되는 것이 고객의 거래기간과의 수익관계, 고객이탈시의 손실비용 등이 많이 거론된다. 고객보유기간이란 고객과 기업간의 관계가 지속되는 기간을 의미하며, 고객이탈은 바로 이러한 관계를 멈춘다는 것이다. 이상으로 볼 때 고객충성도란 "고객만족의 실현을 통하여 자사의 서비스(혹은 제품)를 지속적으로 이용하게하며, 기존고객의 이탈을 방지하여 고객관계를 높이는 것"이라 할 수 있다. 결국 고객충성도를 높이기 위해서는 고객만족은 필수이다.

2) 충성고객서비스

고객변화 프로세스에 불특정 다수(Suspect)의 고객이 상품구매 대상이 될 수 있을 때 잠재고객(Prospect)이 된다. 잠재고객이 최초의 구매를 하게 되면 고객(Customer)이 되고, 반복구매를 하게 되면 단골고객(Client)이 되며, 기업체의 서비스 확대를 통해서 유대관계가 강화되면 충성고객(Advocate)이 된다.

혹자는 여러 많은 MOT에 있어 고객의 지각은 수시로 변하고 서비스제공자간의 극심한 경쟁 때문에 충성고객은 없다고 말한다. 하지만 현대 관광서비스산업에 있어 고객을 자사의 충성고객으로 만들기 위한 노력을 게을리 해서는 시장에서 존재할 수 없게 되었다. 그러므로 고객충성도 비율을 증가시키기 위해서는 고객에게 자사의 서비스를 반복구매 할 수 있도록 하며, 이로써 기존고객이 이탈하지 않고 지속적으로 관계를 맺는 마케팅이 진행되어야 한다.

이에 따라 관계마케팅(Relationship Marketing)과 이러한 마케팅의 가치를 창출하기 위한 고객관계관리(Customer Relationship Management : CRM)와 같은 일련의 프로그램을 개발해야만 한다. 고객이 자사의 서비스를 이면하기 전에 조기경보시스템의 도입으로 고객의 요구를 파악하고 그것을 경영에 직접 반영하여 기존고객을 잃지 않도록 하는 것이 매우 중요하다.

6. 고객 불평 처리

서비스에서 가장 중요한 것은 고객의 불만원인을 제거하는 일이라고 할 수 있다. 특히 불만사항은 판매에 막대한 부정적인 결과를 초래하기 때문이다.

고객관리를 담당하는 부서에서는 서비스이용에 따른 불만사항, 예를 들면 호텔서비스의 경우 숙박요금, 객실타입, 연회실 이용요금, 특실요금, 기타 고객과의 관계에서 발생된 불만요인을 사례별로 철저하게 분석하여야 한다.

일단 고객으로부터 불만사항이 발생하게 되면 신속하게 고객을 위한 보상서비스를 철저하게 제공하여야 한다. 이때 고객에게 불만에 대한 보상은 고객이 실제 보상을 받는다는 기분을 가지도록 고객의 요구와 욕구사항에 만족이 되어야 한다.

예를 들면 호텔에서 룸서비스 메뉴에는 아침조식을 룸서비스에 주문하는 즉시 20분 이내에는 서비스를 받을 수 있다고 표기하여 놓았다고 하자. 고객은 이 말을 믿고서 아침식사를 룸서비스에 주문했는데 실제 웨이터가 음식을 가지고 온 시간은 20분보다 훨씬 늦은 40분이 지난 다음에 가져왔다고 가정하면, 고객은 무척이나 화가 나있다고 할 수 있다. 이때 고객이 불만을 얘기한다고 가정할 때 이에 대한 불만의 대가는 아침식사를 무료로 제공하였다고 하자. 과연 고객의 불만사항에 제대로 보상이 이루어졌다고 생각하는가? 절대 그렇지가 않다. 고객은 불만에 대한 보상이 이루어졌나고 하더라도 고객은 약속했던 20분이라는 내용에 대해서 고객을 기만했다는 생각이 들어 보상의 결과에 만족하지 못한다. 즉 고객에게 무료 아침식사를 제공한다고 해서 고객의 불만사항이 없어지는 것은 아니다. 이러한 경우는 호텔의 여러 부서에서 발생할 수가 있다. 고객이 객실예약, 연회예약, 이벤트행사 등을 호텔과 계약하면서 요금, 식사, 기타 고객과 약속한 내용에 대해서 호텔 측이 제대로 약속을 이행하지 못한 경우인데 호텔상품의 판매에 커다란 영향을 미칠 수가 있다.

일반적으로 고객이 불만을 제기하는 경우는 다음과 같다.

- 예의바르지 못하며, 고객에게 무관심하면서 호텔의 상품정보가 미약한 종업원
- 가구가 청결하지 않으며 개·보수가 잘되어 있지 않은 호텔
- 모닝콜이나 메시지가 잘 전달되지 않는 경우
- 과도한 요금이나 부당한 팁
- 시내전화에도 요금을 부과하거나 기타 FAX에도 과도한 요금을 부과하는 경우
- 객실에 에어컨이나 방음장치가 제대로 되어 있지 않은 경우
- 룸서비스에서 제시간에 음식과 기물을 치우지 않는 경우
- 연회장이나 미팅 룸인 경우 전기 스위치를 쉽게 발견하지 못하게 한쪽 구석에 숨겨져 있는 경우
- 이미 오래전에 사용된 기계장치를 사용하는 경우, 특히 회의실에는 회의를 위한 각종 시설이 되어 있지 않는 경우
- 종업원의 유니폼이 청결하지 않고 자주 세탁을 하지 않는 경우

위의 사항이외에도 여러 가지 불만사항이 발생할 수 있는 요인이 많이 있다. 예를 들면 예약실의 담당직원이 불친절하게 전화를 받는 경우이거나, 교환에서 고객의 문의 사항에 대해서 제대로 답변을 하지 못하여 고객에게 불편하게 하는 경우도 많다. 따라서 호텔에서는 고객에게서 발생할 소지가 아주 높은 불만요인을 지속적으로 점검, 조사하여 고객이 호텔을 재방문할 수 있도록 서비스에 만전을 기해야 한다.

서비스에 대한 고객불만의 구성요소

서비스에 대한 고객의 불만은 다음과 같은 3가지 구성요소로 이루어져 있다.

① **서비스수준 불만**
상대적 기대와 비교해 효용이 낮음에 의한 불만을 말한다. 즉, 일반적인 가격에 제공되고 있는 서비스업자에 기대하는 수준과 비교해 제공되는 베네휫 수준이 낮다고 인식되는데 따른 불만이다.

② **가격수준 불만**
구매전 기대와 상대적 기대의 갭, 즉 서비스 제공가격이 상대적으로 높기 때문에 일반적인 서비스 제공업자에 기대하는 것보다 높은 수준의 구매전 기대를 품었지만, 실제로는 이에 상당하는 효율을 얻을 수 없음에 따른 불만이다.

③ **잠재적 불만**
본질적 기대와 구매전 기대의 갭으로 일반적인 가격으로 제공되고 있는 서비스업자가 현실적으로 제공가능한 수준이며 고객에게 납득된 상대적 기대 및 서비스 제공가격의 양자에 의해 형성된다. 구매전 기대가 고객이 품고 있는 본질적 기대와 갭이 있음에 따른 불만을 말한다.
서비스제공업자에 대한 불만은 아니지만, 서비스 제공가격이 동업자와 비교해 상대적으로 높은 경우, 구매전 기대는 상대적 기대보다 크게 되고, 본질적 기대에 가까워지게 된다. 이 때문에 서비스 제공업자가 상대적 가격의 높음에 맞는 베네휫을 제공하지 않는 한, 잠재적 불만은 가격수준 불만으로 현재화하게 된다.

자료 : 「서비스마케팅전략의 신전개」, 1992.

일단 고객에게서 컴플레인이 발생하였다면 이유야 어떻든 간에 먼저 고객의 컴플레인에 대한 원인과 이유 또는 결과 조회를 신속하게 처리해야 된다.

이들 방법 중에서 하나는 먼저 고객에게 진지하게 사과를 하는 방법이다. 고객에게 사과의 편지를 하는 경우도 있지만, 직접 컴플레인이 발생된 고객에게 전화를 걸어 사과를 하는 경우도 있다. 고객 중에 아주 까다롭지만 VIP라고 생각되는 고객인 경우에는 호텔의 총책임자인 총지배인이 담당 고객을 직접 만나서 컴플레인을 해소시켜야 한다. 그러나 대부분의 호텔의 경우에는 고객관리사무소가 있어서 이들이 고객에게 직접 사과의 편지를 보내는 경우가 많다. 그러면 여기서 고객에게 사고의 편지를 쓴 내용을 사례를 통해서 살펴보기로 하자.

고객이 불만을 제기한 편지에 대한 응답사례

Dear Mr ....

저희들은 방금 고객님으로부터 저희 호텔에 계시는 동안 여러 가지 좋지 못한 경험에 대해서 몹시 실망을 하셨다는 편지를 받았습니다. 우선 무엇보다도 호텔을 대표해서 프런트에서 고객님에게 불편을 끼쳐 드린 것에 대해서 대단히 죄송스럽다는 말밖에 할 도리가 없는 것 같습니다. 제가 고객님의 입장이라 하더라도 충분히 고객님이 프런트 데스크에서 겪었던 좋지 못한 경험에 대해서 몹시 화가 났을 것이라고 생각합니다.

거듭 저희 프런트 직원의 실수에 대해서 사과의 말씀을 올리고자 합니다.

다음부터는 절대 이러한 일이 두 번 다시 발생하지 않도록 철저히 교육을 시킬 것이며, 다시 한번 저희 호텔을 방문하여 주시기를 바라고 또 사전에 저에게 알려주시면 더욱 고맙겠습니다. 저희들은 이 사건을 계기로 더 고객님을 위해서 노력할 것이며, 모든 고객이 호텔에 체류하는 동안 즐겁고 유쾌한 숙박이 되도록 고객님의 조언을 받들어 열심히 모실 것을 약속드립니다.

거듭 사과의 말씀을 드립니다.

고객관리팀 매니저 OOO

고객의 행동분석을 통한 고객의 특성을 설명한 책이 많이 출판되었다. 그러나 이들 대부분은 부정적인 시각에서 고객의 행동분석이 이루어졌다고 본다. 일단 고객을 접하는 부서에 근무하는 종업원은 고객이 현재 심리적으로 안정되어 있고 몹시 만족하고 있다는 시각에서 보는 것보다 종업원의 도움이 요구되는 요구와 욕구사항이 고객의 마음에 내재하고 있다는 시각에서 고객을 대하여야 한다. 따라서 고객만족을 이끌어 내기 위해서는 다양한 부분에서 노력을 해야 되는데, 먼저 고객만족을 위한 목표를 설정하여 놓고 시작해야 된다.

❶ 상품의 질을 개선한다.
❷ 지속적인 서비스 개선 노력을 한다.
❸ 종업원의 서비스능력을 프로화 한다.
❹ 방문한 고객에 대해서 이해의 폭을 넓힌다.

기업에서는 고객만족을 위해서 여러 가지 부분에서 많은 노력을 기울여야 한다. 고객은 단지 한 가지 정도만 가지고서 고객만족을 하지 않는다. 내부의 시스템 자체가 고객을 위한 만족시스템 프로그램으로 이루어졌을 때 비로소 고객의 재방문을 유도해 낼 수가 있다.

위의 4가지 사항을 예를 들어 첫 번째인 상품의 질을 개선한다는 항목에 대해서 사례를 들어서 설명하기로 하자.

사례1

윌슨씨는 가끔씩 비즈니스 목적으로 호텔을 방문한다. 그러나 이전에 호텔에 투숙하면서 한 가지 불만이 있었던 것은 호텔 도어시스템 자체가 무척 불편하였다고 한다. 일단 프런트데스크에서 객실 키를 가지고 객실 문을 열고 들어가면 객실 안의 전기스위치를 찾는데 어려움이 있었다고 한다. 때로는 한참동안 더듬은 다음에야 비로소 스위치를 찾을 수 있었다. 도착하는 첫날부터 몹시 불쾌하였다. 그래서 다음에는 호텔을 다른 곳으로 바꾸어서 Check-in하였다. 먼저 프런트데스크에서 객실 키를 받았는데 종전 자신이 투숙했던 객실 키와는 다른 카드 키였다.
객실입구에 도착하여 카드 키를 객실 문 사이에 삽입하는 순간 문은 자동적으로 열리면서 객실 안이 환해지는 것이었다. 객실 키가 컴퓨터에 입력되어 자동으로 불이 켜지는 순간이었다. 너무도 호텔시스템 자체가 편리하고 고객위주로 되어 있다는 것을 느꼈다. 잠시 객실을 나오는 과정에서도 전기스위치를 직접 손으로 끌 필요 없이 객실 키를 빼는 순간 자동으로 TV, 라디오, 객실 전구가 모두 소등되는 것이었다. 이전에 투숙했던 호텔과 비교하여 지금의 호텔이 너무 좋은 것이었다.

사례에서 보듯이 고객은 시스템 자체 즉 호텔의 객실상품에 대해서 몹시 만족해하는 것을 알았다. 또한 호텔 측으로 볼 때도 상당한 양의 에너지를 절약할 수 있다는 경제적 이점도 있다. 이처럼 고객만족을 이끌어 내기 위해서는 상품개선에도 많은 노력을 기울여야 한다.

메리어트 호텔(Marriott Hotel)의 성공정신

세계적으로 서비스에서 많은 혁신을 일으킨 메리어트 호텔의 성공정신(the spirit of success)을 살펴보면 대부분의 고객만족이 사람위주(people oriented)로 되어 있다는 것이다. 이들은 모두 고객뿐만 아니라 종업원과도 밀접한 관계가 있다. 종업원이 만족하지 못한 호텔기업인 경우에는 역시 고객을 만족시킬 수가 없다는 사실이다. 그러면 여기서 메리어트 호텔의 성공정신을 살펴보면 다음과 같다.

① 종업원을 공정하게 대접한다.
② 고객의 소리를 들어라.
③ 지금 종업원이 하고 있는 것에 대해서 정기적으로 평가하라.
④ 힘든 일을 하는 종업원에게 승진의 기회를 주어라.

Part 2

이미지 메이킹의 이해

Image Making

Chapter 4 이미지 메이킹의 이해

1. 이미지의 의미

이미지라는 단어의 어원은 라틴어 'imago'로써 '모방'이라는 뜻을 지니고 있다. 동사형인 'imitari'는 '모방하다'라는 의미를 지닌 'imitate', 명사형 'imitation'으로 파생되었다.

이미지는 상(象)·표상(表象)·심상(心象) 등의 다양한 뜻을 지니고 있다. 이는 가시적 형태나 율동 등의 대상으로부터 느끼는 분위기·감각·연상 등 총체적인 개념으로 표현될 수 있으며, 인간의 지각 활동에 의해 형성된다. 인간이 자극을 받아 들여서 뇌 속의 이미지들과 결합과정을 거쳐 새로운 의미를 가지게 되는 과정을 지각화 과정이라고 하는데 이때 부여된 의미를 이미지라고 할 수 있다. 다시 말해서 이미지란 지각화 과정인 자극·지각·인지·태도·반응을 통한 주관적이고도 선택적인 외부상황의 재 표현이다. 또한 단순화 된 「판에 박힌 생각」이 아니라 믿음, 개념, 인상의 총합이라고 할 수 있으며 서로의 커뮤니케이션을 통해 표현되는 신뢰도가 공신력이기도 한다.

때론 자신이 타인에게 보여주고 싶은 특성들을 본질 속에서 끄집어내어 극대화 시키거나 보여주고 싶지 않은 부분들은 깊숙이 파묻어 두는 것을 스스로 결정하여 "내가 타인에게 공개하도록 선택한 나의 부분들의 총체" 또는 "어떤 대상에서 연상되는 느낌"이 바로 이미지인 것이다.

이 이미지는 우리가 태어나는 순간부터 삶의 한 부분이 되며 경험이나 학습을 통해 향상되어 진다. 지금 우리가 살고 있는 이 시대는 이미지의 영향력이 우리 개인의 행동과 사회 문화를 형성해 나갈 만큼 크게 작용하고 있다. 곧 다시 말해 어떤 분야에서든 타인에게 설득력 있는 베시지도 이 이미지를 잘 활용할 줄 아는 사람이 성공하는 시대가 되었다. 이런 현실 속에서 이미지란 정치인이나 기업인, 연예인이나 스포츠맨 등 대중에게 인정받아야만 할 사람들만의 몫이 아니라, 우리 자신의 삶에서도 이미지를 제대로 활용할 줄 알아야 만이 자신이 원하는 삶에 다가갈 수 있다는 것이다.

You are the message라는 말이 있다.

이미지의 시대에 살고 있는 우리는 자신의 삶을 성공적으로 이끌기 위해 자신의 이미지 관리에 좀 더 신중을 기해야만 한다. 이것은 나의 진가를 세상에 알리기 위해 보다 성공적인 삶을 위해 꼭 필요한 작업이며 성공에 도달하기 위한 가장 빠른 지름길이 될 수 있다.

이미지는 만들어지는 것이다. 좋은 이미지를 창출하지 못한 개인이나 국가는 엄청난 손해를 볼 수밖에 없는 것이 현대사회이다. 프랑스 파리에서 사온 향수를 나쁘다고 할 사람이 몇이나 될까? 그것은 파리는 이미 예술의 도시, 향수의 고향으로 이미지가 만들어져 있기 때문이다. 미국하면 '자유의 여신', 스페인 하면 '돈키호테' 혹은 '정열의 나라, 플라밍고', 네덜란드는 '꽃의 천국' 등 많은 문화국가는 나름대로의 이미지를 가지고 있다. 각 나라의 이미지는 순전히 그 나라 문화의 소산이다. 즉 자연의 소산이 아니라 인간에 의하여 만들어진 예술의 소신이라는 것이다.

이처럼 개인의 이미지도 마찬가지이다. 타고나는 것이 아니라 자신이 원하는 데로 보여주고 싶은 이미지를 스스로 만들어가야 한다.

Image란 실상과 허상, 균형과 조화이다. 즉 외형의 모습과 마음가짐, 매너가 조화를 잘 이루었을 때 가장 성공적인 이미지를 창출해 낼 수 있다.

2. 이미지 메이킹의 의미

1) 이미지 메이킹의 개념

이미지 메이킹이란 '상황에 맞는 자신의 그림을 잘 그려내는 방법' 으로 이미지는 외적 이미지와 내적 이미지로 분류한다. 용모 표정 등 외면적으로 드러나는 이미지를 어피어런스(appearance)라 하고 이는 직접 경험을 통해 형상화하는 것이고 내적 이미지는 눈으로 볼 수 없는 정신적 형상을 의미하는데 이는 자신이 본 적이 없는 역사적 인물에 대한 이미지가 해당된다. 세종대왕, 연산군, 내시 등에서 떠오르는 이미지는 외적 형상과 무관하게 생성되는 내적 이미지라 하겠다.

이미지 메이킹의 방법은 두 가지로 구분할 수 있는데, 있는 그대로의 모습으로 자신의 이미지를 만들어 가는 것이 그 첫 번째 방법이다. 수수하면 수수한대로 자신을 드러내는 것으로 인간적이고 솔직한 것이지만, 자신의 진실된 내면을 상대가 알게 되기까지는 많은 시간과 만남이 필요하다. 또한 많은 사람들에게 자신을 인식시티는 데는 한계를 갖는 방법이라 하겠다.

또 다른 이미지 메이킹 방법은 자신과 유사한 인물을 모델링(modeling)하는 방법이다. 이미지의 어원인 'imago'가 '모방하다'의 의미를 지닌 어휘를 지녔음은 시사하는 바가 크다 하겠다. 우리의 모습에는 부모의 모습이 많이 담겨 있다. 가장 가까이에 있는 부모님의 닮고 싶은 모습을 모방하고, 자신이 닮고 싶은, 그리고 유사성이 있는 인물을 선정하여 그를 모방하는 것이다. 역대 미국 대통령 중 미국인에게 사랑받는 존재인 존 에프 케네디 대통령의 젊고 역동적인 이미지를 계승하는 전략을 수행한 빌 클린턴은 열세일 것이라는 당초의 예상을 뒤엎고 미국 대통령에 당선되었다. 이는 모방을 통해 자신의 이미지를 친근감 있게 구축한 전략의 승리이기도 한 것이다. 모방전략은 쉽게 자신의 이미지를 전달할 수 있다는 특성이 있으나, 장기적으로는 모방에서 끝나지 않고 자신의 개성이 더해져서 새로운 이미지를 구현하도록 해야 한다는 점이 중요하다.

2) 이미지 메이킹의 5단계

이미지 메이킹과 관련하여 다음과 같이 5단계로 설정해 보았다.

(1) know yourself(자신을 알라)

자신의 이미지를 창출하기 위해서는 먼저 자신의 현주소를 파악해야 한다. 스스로 자신을 객관화함으로써 마케팅에서의 SWOT 분석처럼 자신의 장점과 단점을 파악하고 자신의 선택과 관련한 기회와 위험 또는 장애 요인을 파악하면서 그 흐름에 맞추어 자신의 장점을 극대화해야 한다. 자신의 장점을 극대화하는 것은 자신의 목표와 연관시켜야 하는 것은 물론이다. 자기소개서를 구체적으로 작성해 보는 것은 자신을 객관화하고 자신의 목표를 재점검하는데 도움이 된다. 아울러 이 단계에서는 주위의 친한 사람들과 대화를 통해 평소 느낀 자신의 이미지 등에 대해 평가 및 조언을 구하는 것도 좋겠다.

(2) model yourself(자신의 모델을 설정하라)

이미지를 형성해가는 첫걸음은 자신이 모델을 선정하는 것은 자신의 목표를 수립하는 거시이아. 이미지를 형성의 목표를 세움으로써 자신이 추구해 나갈 방안을 구체화할 수 있다. 아울러 자신이 선택한 모델을 모방하는 것이 이 단계에서 함께 이루어져야 한다. 자신이 선택한 모델은 자신이 선호하는 것이고 모든 학습은 모방에서 시작된다. 서비스의 달인이라는 칭호를 받는 사람들의 모습과 행동을 모방하고 그와 관련한 끝없는 연구를 통해 자신의 발전을 도모하는 것이다. 또한 모방하는 과정을 겪으며 나아가 자신의 개성이 드러날 수 있도록 노력하여 궁극적으로는 자신만의 특성을 살릴 수 있어야 하는 것이다. 위대한 희극배우인 찰리 채플린은 독재자 히틀러의 모습을 완벽하게 재현하고 패러디함으로써 영화사에 불멸의 위치를 극복했다. 모델 선정은 단시간에 많은 사람들에게 쉽게 각인시킬 수 있는 만큼, 불특정 다수의 고객을 대하는 서비스 맨에게 필요한 부분이다.

(3) develope yourself(자신을 계발하라)

이미지는 전체를 대신하는 일부분을 보여주는 것이다. 그래서 부분적인 이미지를 연출할 수도 있지만 바람직한 이미지는 궁극적으로는 연출이 아니라 자신의 실체가 자연스럽게 묻어나는 가운데 드러나는 일부여야 한다. 가식적이고 인위적인 연출이 아닌 그의 삶이 배어있는 서비스 맨의 이미지야말로 고객을 존중하는 최고의 서비스가 될 것이고, 기교가 아닌 마음을 전하는 서비스가 최고의 서비스인 것이다. 따라서 자신의 완성을 위해 끝없는 노력을 경주하는 것이 중요하다. 서비스는 상대를 존중하는 것일 뿐만 아니라 궁극적으로는 자신의 발전을 가져오게 하는 것이다. 자기계발을 위해서는 무엇보다도 적극적이고 능동적인 사고가 필요하며, 자기 확신을 바탕으로 한 지속적인 노력이 병행되어야 할 것이다.

(4) package yourself(자신을 포장하라)

자신의 개성을 살린 자신의 이미지를 상황과 대상에 맞도록 표현하는 것이 이미지 포장 및 연출이다.

여성의 인상을 5단계로 나눈 후 등급에 따라 배우자의 연봉이 평균 324만 4400원이 높아진다는 기사(중앙일보 2005.7.22, (주) 좋은 만남 선우 자료)가 있었다. 이 내용은 인상이 좋은 여성과 결혼하기 위해서 남성들은 한 단계 기준치를 높일 때마다 1년에 300만원 이상을 더 벌어야 한다는 것이다. 짧게 잘라 젤이나 왁스로 깔끔하게 손질한 머리와 갸름한 얼굴, 자신감 넘치는 눈빛을 가진 남성, 긴 생머리나 가벼운 웨이브 머리에 달걀형 열굴, 자연스러운 미소를 지닌 얼굴이 호감을 주는 여성의 모습이라고 제시하고 있다. 아울러 꽃미남, 미녀가 아니라 다소 평범하더라고 밝고 건강한 인상을 갖게 하는 상대에게 후한 점수를 주고 있다. '제 눈에 안경'이란 말이 있다. 이 말은 인상의 주관적 요소를 의미하는 것이다. 그러나 그것은 다른 요소가 작용된 것일 뿐 실제로 느끼는 인상은 대다수가 공감한다는 것을 자료는 제시하고 있다.

이미지란 그런 것이다. 자신의 머리는 자신의 의지에 따라 덥수룩한 장발을 할 수도 있고, 농성중인 근로자처럼 삭발을 할 수도 있다. 그러나 맞선 장소나 면접 시험장에서 자신의 스타일을 고수할 수도 없는 것이다. 객관성이나 보편성이라는 것이 있기 때문이다. 이러한 자료를 바탕으로 상황이나 대상에 맞는 이미지를 연출하는 것이다. 자신에게는 장발노, 삭발도, 생머리도, 파마머리도 모두 자신의 모습인 것이다. 그 중에서 선택하여 보여주는 것이 연출인 것이다. 분명히 허상이고 부분적인 이미지지만 현실에서 그것이 전체로 인식되어 중요하게 작용하는데 그 이미지에 무관심하다면 생활인으로는 문제가 있는 것이다.

서비스 맨의 이미지는 더 말할 나위가 없는 것이다. 무형성을 지닌 서비스를 대상으로 제공할 수 있기 위해서는 서비스 맨 다운 이미지를 확실하게 구축하고 연출해야 한다. 그럼으로써 고객의 선택을 위한 유형적 단서로 작용되어 신뢰감을 형성함으로써 고객으로 만들 수 있는 기회를 갖게 되는 것이다. 상대에게 호감을 주고 신뢰를 생성할 수 있는 이미지의 연출이야말로 가히 이미지의 시대라 할 수 있는 현대를 살아가는 우리에게 중요한 것이라 하겠다.

(5) market yourself(자신을 상품화하라)

현대는 마케팅의 시대이다. 아무리 좋은 물건을 만들어도 마케팅에 실패하면 그 상품은 제 가치를 평가받지 못하는 것이 현대 사회의 특징이다. 이미지메이킹의 마지막 단계는 바로 자신의 가치를 상대에게 인식시키고 높은 평가를 받아서 자신을 찾도록 하는 것이다.

마케팅에서 선행되어야 할 것은 품질의 확보이듯이 서비스 맨 역시 자신의 능력을 상품화할 수 있어야 한다. 상품화에서 그치는 것이 아니라 부단한 자기계발을 통해 끝없이 발전시켜가야 한다. 상품화에서 그치는 것이 아니라 자신의 능력 개발을 통해 자신을 브랜드화 해야 한다. 보기에는 비슷해 보이는 상품도 브랜드를 가지면 백화점에 진열되지만, 브랜드가 없으면 좌판에 내몰려 제 가치를 받을 수 없는 경우가 많다. 백화점에는 수많은 브랜드가 경쟁을 한다. 그리고 그 중의 몇몇은 가장 좋은 위치에서 고객의 눈길을 끌면서 자리한다. 그것이 명품이다. 보기에는 비슥해 보이는데 명품이라는 브랜드를 가지면 그것의 가격은 일반 상품보다 훨씬 높은 가격에 구입되며 고객은 그것에 만족을 느끼고 자부심을 갖기까지 한다. 마찬가지로 서비스 맨은 자신의 서비스를 명품화해야 한다. 그러기 위해 서비스를 제공하는 자신을 명품으로 만들기 위한 각고의 노력이 필요하다. 명품은 하루아침에 만들어 지는 것이 아니다. 저마다 장인의 혼이 담기고 오랜 시간 동안 고객의 호감을 유지하는 가운데 인정된 것들이다. 고객이 자신의 서비스를 높은 가격을 지불하더라도 구매할 수 있도록 하기 위해서는 장인의 정신으로 자신을 단련시켜가야 할 것이다. 자신을 상품화하라. 그리고 브랜드화 하라. 더 나아가 자신을 명품화하라. 그것이 서비스 분야에서 성공을 꿈꾸는 당신에게 넓은 길을 열어 줄 것이다.

3. 이미지의 중요성

1) 개인 이미지의 중요성

"You are the Message"

우리가 늘 갖고 다니는 것은 우리 자신뿐이다.

지금 우리가 살고 있는 이 시대는 이미지의 영향력이 우리 개인의 행동과 사회 문화를 형성해 나갈 만큼 크게 작용하고 있다. 즉, 이미지를 잘 활용할 줄 아는 사람이 성공하는 시대에 와 있다는 얘기다. 이 이미지는 우리가 태어나는 순간부터 삶의 한 부분이 되며 경험이나 학습을 통해 향상되어진다.

21세기는 이미지를 어떻게 창출하느냐에 있어 자신의 브랜드 가치가 달라지고 있는 현실을 부인할 수 없다. 또한 빠른 정보 전달로 인해 사람들 간의 커뮤니케이션도 가속화되어 있는 지금 우리가 어떤 위치에 있든 어떤 상황에 있는 순간적인 이미지 전달이 얼마나 큰 위력을 발휘하는가를 알고 자신이 원하는 이미지를 창출하여 보다 성공적인 삶에 다가갈 수 있어야 한다.

2) 기업 이미지의 중요성

이미지는 만들어 지는 것이다.

대부분의 소비자는 제품을 구매하기 전에 이미 그 회사에 대한 이미지나 제품에 대한 이미지를 먼저 구입하게 된다. 그러므로 기업들은 이미지 목표를 명확히 설정하고 사소한데까지 세심한 주의를 기울여 보다 긍정적인 이미지 창출에 심혈을 기울여야 할 것이다.

일반적으로 기업의 이미지는 직접적인 이미지와 접적인 이미지로 나눌 수 있다.

직접적인 이미지는 건물 디자인, 상호 로고, 유니폼, 명함 등에 의해 형성되어진다. 즉 광고, PR, 이벤트 사업 등 대중매체를 통해 보여주는 의도적인 이미지이다.

간접적인 이미지는 회사의 경영방침, 사장의 경영철학, 사원들의 행동 등을 통해 대중들이 느끼는 이미지이며 기업의 윤리성, 노사 대화, 이익 분배, 사원들의 자질 등을 들 수 있다. 이러한 기업의 전체적인 이미지는 상품판매, 신입사원의 모집과 선발, 외부로부터의 투자유도 등의 기업 활동에 중요한 영향을 미친다.

기업 이미지는 아주 사소함에도 그 평판이 형성되므로 고객의 불평이나 불만족뿐만 아니라 사소한 배려도 이미지 형성에 중요한 요인이 되고 있음을 잊지 말아야 한다. 기업의 이미지를 창출하기 위해선 PR 자제에 대한 고도의 지식은 물론, 창출된 이미지에 맞게 내심을 기하려는 사원 개개인의 노력이 필요하다. 벨 전화 회사는 여러 가지 이미지 수정 테크닉을 도입, 전화 교환원들의 음성과 태도를 교육시켰고, 최근에는 종래의 기업 신조였던 '신속한 서비스'를 '손님에 대한 예절'로 바꾸었다.

맥도널드사는 러시아에 맥도널드를 오픈 할 때 미소 표정을 잘 짓는 직원만 골라 6개월간 맥도널드 대학에서 미소 훈련을 시킨 뒤 근무시키기도 했다.

미국은 지난 20여년 동안 사원이나 종업원들이 회사의 이미지를 대표하고 있다는 것을 주목해 오면서, 그에 따른 회사 방침을 세우고 있으며 최근 우리나라에서도 일반 기업체나 서비스업체에서 고객 서비스 교육의 필요성이 강조되는 것도 다 기업의 이미지를 향상시키기 위한 방법의 하나라고 할 수 있다.

이와 같이 현실 속에서 기업 이미지는 고객을 불러들이며 그들이 다시 오게끔 하는 중요한 이미지 마케팅 전략이다. 과거에 소비자를 설득해서 판매와 결부시키는 광고에 의지했다면 이제 소비자의 감성에 호소하여 상품이나 기업에 대한 호감도와 지명도 친근감을 높임으로써 궁극적으로 판매 촉진을 도모하는 이미지 광고에 의지해야 하는 시대이다. 이제 기업은 소비자의 감성을 유혹할 수 있는 기업 이미지 마케팅에 주력해야만 이미지가 경쟁력인 시대에 성공한 기업의 대열에 오를 수 있을 것이다.

이미지 마케팅에 성공한 기업의 사례

- **IBM사**

  기업의 통합적 이미지를 형성하여 비즈니스의 효율성을 높임과 동시에 기업의 이미지 유지와 형상을 꾀하는 전략, 약칭 CI(Corporate Identity)를 1950년대 최초로 도입하였다. 자사에 근무하는 모든 직원의 옷차림을 이미지화하는 전략을 세워 어디서나 깔끔하고 고급스럽고 세련됨을 풍기도록 하였으며 몸에 익은 매너를 지켜 신뢰감을 형성하도록 하였다. 소비자는 IBM의 이미지를 생각할 때 컴퓨터에 대한 언급보다 직원들의 옷차림과 매너가 그들의 전문성을 높이 평가받도록 하므로 주저 없이 IBM을 선택하게 된다고 한다. IBM은 컴퓨터 뿐 만 아니라 세계 최대 서비스 컨설팅사의 이미지를 굳건히 다져가고 있다.

- **메르세데스 벤츠**

  메르세데스 벤츠의 이미지는 성공이다.

  성공한 비즈니스맨이 가장 선호하는 자동차가 벤츠인 이유는 바로 벤츠 자동차가 오랫동안 지켜온 기업 이미지 때문일 것이다.

  일본(日本)인들이 벤츠자동차의 반값으로 더 좋은 자동차를 생산할 수 있음을 입증 했으나 여전히 성공한 사람들은 벤츠 자동차를 선호하는 이유는 "이미지"라는 사실을 부정할 수 없다. 최고가 아니면 만들지 않는다는 벤츠자동차의 슬로건은 세계 최고의 자동차로 인정받고 있다.

- **BMW**

  21C는 감성의 시대이다.

  BMW는 소비자의 감성을 자극하기 위한 신차 개발에 주력하며, 고객의 감성을 유혹하기 위한 '오감도발', '오감 마케팅' 전략을 세웠다.

  눈으로 만족하는 디자인과 색상, 코로 느끼는 실내의 향기 촉감으로 느끼는 핸들과 의자의 감촉, 시동을 켤 때의 경쾌한 기계음 등 사소한 부분까지 소비자의 감성을 유혹하는 차를 개발해 냄으로 감성적인 신세대의 구매 욕구를 자극하므로 한층 젊어진 이미지 마케팅으로 소비자를 사로잡았다.

- **맥도널드**

  맥도널드 대학을 통한 서비스 훈련으로 전 세계 어디서나 신속하고 친절한 맥도널드의 미소 이미지를 만들어 감과 동시에 아픈 어린이를 가진 가정을 도우는 등의 집과 같은 시민 참여를 통해서 지역사회 주민들의 마음을 파고들어 긍정적인 이미지 창출에 성공할 수 있었고 세계 최고의 기업이 될 수 있었다.

3) 국가 이미지의 중요성

"이미지는 국력이다."

프랑스의 문명 비평가는 "한국에는 뚜렷한 국가 이미지가 없다"는 말을 드러내 놓고 한다. 국가 이미지가 없다는 것은 한국이라는 국가가 자기 정체성과 문화를 갖고 있지 않다는 것과 같은 말이다. 대부분의 사람들은 한국의 중국과 일본을 포함한 동아시아 문명권의 일원으로 보기 때문에 한국의 국가 이미지가 흐릿하게 인식되어진 탓도 있다.

얼마 전 세계의 국가 친절 이미지를 조사한 결과 한국이 35개국 중 32위의 친절 국가로 평가된 바 있다. 외국의 눈에 비친 한국은 무관심과 불친절의 이미지로 비춰지고 있다는 사실은 아직도 이미지 후진국임을 부정할 수 없다.

국가의 친절도는 여행지 선택에 큰 영향을 미치기도 한다는 사실을 미루어 볼 때, 우리의 국가 이미지는 곧 우리의 경제 발달과도 무관할 수 없다는 것이다. 국정 홍보처가 국가 이미지에 대한 실태 조사를 벌인 결과 각 지역에 따라 우리나라에 대한 이미지가 상당히 다른 것으로 나타났으며 전반적으로 과거보다 향상되고 있다는 의견이 많았다.

기업에는 CI(Corporate Identity)라는 개념이 있어서 그것을 기획, 제작하는 비즈니스가 성립되어 있지만 국가차원에서 그것이 가능할까? 사람의 이미지에는 두 가지 종류가 있다. 외견과 용모가 주는 이미지와 행동이 주는 이미지가 그것이다. 국가도 마찬가지이다. 나라의 외견을 바꾸는 것은 가능하지만, 나라를 구성하는 수천만, 수억 명의 인간의 행동을 바꾸는 것은 쉬운 일이 아니다.

국가의 이미지는 문화(Culture) 커뮤니케이션(Communication) 국제 공헌(Contribution)의 세 가지로 형성된다. 문화가 인간의 마음이라고 한다면, 커뮤니케이션 능력이나 국제 공헌은 인간의 행동양식에 해당된다.

첫째, 문화가 국가의 이미지에 중요한 이유는 문화가 요리나 패션, 가전제품 등의 상품과 밀접한 관련을 맺고 있다는 점 때문이다. 요즘 들어 연예인의 이미지가 국가의 이미지에 큰 영향을 미치면서 우리나라의 브랜드 이미지에 긍정적 영향을 끼치고 나아가 상품의 판매촉진으로 연결되기도 한다.

둘째, 커뮤니케이션 능력은 문화의 차이를 넘어서 인간으로서의 교체가 가능한 능력이다. 자신의 감정에 충실하고 예스/노를 확실히 표명하며 숨김없이 사람과 교제하고 인생을 즐기는 능력이다.

셋째, 국제적인 공헌이라는 것도 사람의 얼굴이 보이지 않으면 그 효과는 반감된다. 즉, 국제적인 재난이라는 동 아시아의 재해 현상에서도 미국과 독일, 일본만이 보일 뿐 한국은 보이지 않았다. 국제사회 내에서 우리나라의 위상을 찾아볼 수 없다는 것은 한국의 이미지가 없다는 것이다.

그곳에 한국 봉사단이 없는 것이 아니라 이들 대부분은 NGO나 관련 민간단체 소속으로 활동하고 있다. 반면 세계 각지에서 들어온 수많은 의료진의 대부분은 민간단체가 아닌 국가가 인도적 전략적 차원에서 지원한 대규모 지원 팀이다.

이제 우리도 정부 차원의 신속한 대처와 정보를 확보 실질적인 협력 시스템의 구축으로 자기가 속한 단체나 기관보다 국가 이미지를 먼저 생각하는 태도가 절실하다. 세계 어디에서든지 자랑스러운 대한민국의 이름으로 당당히 일할 수 있는 국가적 차원의 이미지 전략이 필요한 때이다.

4. 이미지 브랜드 파워

"이 세상 최고의 브랜드는 당신입니다."

모 광고 회사의 카피를 통해서도 알 수 있듯이 현대를 살아가는 핵심으로 개인 브랜드의 중요성이 떠오르고 있다.

경영학자 톰 피터슨은 "마케팅에서 차별화가 점점 더 어려워지고, 경영자들의 진보 속도가 갈수록 빨라지고 있다. 따라서 브랜드의 가치는 계속 오르게 될 것"이라고 브랜드의 중요성을 설파한다.

브랜드는 제품의 속성과 이미지 총합이나. 이것은 결과적으로 믿음의 도구가 된다. 좋은 브랜드는 그 이름만으로 소비자들이 해당 제품을 구매하게 유도한다. 즉 믿음으로 구매를 유도하는 것이다. 그렇다면 개인의 브랜드화는 어떤 의미일까?

나는 누구이고, 어떤 사람이고 또 무엇을 잘하는지, 간단명료하게 정의하고 표현하는 것이다. 그래야 나의 가치를 분명하게 사람들에게 보여줄 수 있고 자신의 정체성과 몸값을 올릴 수 있다. 앞으로 사회는 개인이 브랜드화가 되어 있는 사람을 요구한다. 개인 브랜드를 갖기 위해선 재능과 자신의 능력을 정확히 인식하고 이를 세상에 정확히 알려주는 적극적 개인이어야 한다는 얘기다. 즉, 인맥을 네트워크화해야 하고, 자기 자신을 가치 지향적으로 주변에 알려야 한다. 그래야 필요할 때 찾아주며 그 사람의 일을 가치 있게 생각해 준다. 자기개발만으로는 부족하다. 이제 스스로를 브랜드로 만드는 것이다. 현대는 개인 브랜드의 시대이기 때문이다.

이미지의 시대에 살고 있는 우리는 자신의 삶을 성공적으로 이끌기 위해 자신의 이미지 관리에 좀 더 신중을 기해야만 한다. 이것은 나의 진가를 세상에 알리기 위해 보다 성공적인 삶을 위해 꼭 필요한 작업이며 성공에 도달하기 위한 가장 빠른 지름길이기 때문이다. 그러나 명품이 하루아침에 만들어 지는 것이 아니듯 브랜드 파워를 가진 이미지란 쉽게 얻을 수 있는 것이 아니다. 자신에 대한 확신과 신뢰를 바탕으로 오랜 시간을 두고 서서히 형성된 수많은 지식과 풍성, 정신과 노력이 농축되어 있어야 한다. 즉 부분적인 것이 아니라 총체적인 것이며 일시적인 것이 아니라 연속적이며 구체적인 것이 아니라 추상적인 것이다. 그러나 정해져 있는 최상의 이미지가 존재하는 것은 아니다. 늘 같은 이미지만을 고집할 수도 없다. 다만 다른 사람과 비교되지 않는 자신만의 이미지를 끌어내는 노력이 필요할 뿐이다. 또한 상황에 맞는 순발력 있는 매너의 습득은 이미지와 매너가 성공을 좌우하는 치열한 경쟁 속에서 단연 돋보이는 존재가 될 수 있을 것이다.

이제 자신의 이미지 브랜드를 결정할 때이다. 자신이 갖고 있는 트레이드마크의 이미지인가 변신을 택할 것인가를 선택해야 할 필요가 있다.

1) 이미지 컨트롤

"자신의 미래는 자신만이 만들 수 있다."

"자신의 매력은 자신만이 끌어낼 수 있다."

평소에 우리가 쓰고 있는 힘은 전체의 10%에 지나지 않고 나머지 90%는 잠재되어 있다. 자신의 매력도 깊숙한 곳에 숨겨져 있기 때문에 진짜 자신의 매력을 모르는 채 살아가게 되는 경우가 많다. 특히 평소의 생활 속에서 부정적인 생각이 습관화되어 버린 사람이나 소극적 행동밖에 못하는 사람은 더더욱 그러하다.

자신의 매력의 능력을 끌어내기 위해 이미지를 조절하는 훈련을 이미지 컨트롤법이라 한다. 이 방법은 스포츠나 교육, 산업, 의학 등 많은 분야에서 활용되기도 하며 과학적이고 실천적이며 효과가 크다.

첫째, 플러스 이미지를 이미지 한다.

자기의 모습을 거울에 비춰보고 버릴 자기와 살릴 자기를 음미한다. 그리고 조금씩 자기가 원하는 동경의 이미지로 접근해 간다. 이것이 첫 번째 변신법이다.

예를 들어 컴퓨터 게임은 잘했지만 공부는 영 엉망이었다면 게임을 하다 부모님께 혼난 기억은 버리고 게임에 열중해서 좋은 결과를 얻었던 기억만 남겨둔다. 게임에 열중할 수 있었다는 건 무슨 일에나 열중할 수 있는 능력을 가졌음을 뜻한다.

목표를 향해 집중할 수 있는 능력을 계속 이미지 해 두므로 자신과 용기가 솟아나게 되고 꿈이 부풀어 뭔가 가능성이 넓혀져 감을 느끼게 된다.

둘째, 플라시보(Placebo) 효과를 활용해 본다.

플라시보 효과란 눈을 가리고 1m 상공의 헬기에서 높은 곳이라고 말한 뒤 떨어뜨리면 겨우 1m 상공에서 추락사를 한다. 즉, 영양제를 진통제라고 속이면 통증이 낫는 것처럼 자신이 믿는 것이 사실이라고 느끼게 되는 것을 말한다.

자신의 이미지 또한 자신이 믿는 데로 변화되어진다는 것이다. 자신이 매력적이라고 믿으므로 그 이미지를 머릿속에 그려 놓는 것만으로 매력적인 이미지를 만들 수 있다.

이렇듯 '이렇게 되고 싶다', '이렇게 하고 싶다', '이런 것을 갖고 싶다'고 미래의 이미지를 그려서 행동하면 반드시 이미지 한 대로의 인간이 된다는 것이다. '나는 매력적이다', '나는 성공 한다', '나는 할 수 있다'고 외친다. 이미지가 행동을 일으키고 행동이 이미지를 확실하게 하므로 자기가 믿는 이미지대로 변화하게 될 것이다.

2) 외형적 이미지

현실 생활에 있어서 이미지는 한 개인과는 불가분의 관계에 있다. 특히 사람을 처음 만나서 받은 이미지는 뇌리 속에서 쉽게 사라지질 않는데, 도대체 우린 처음 만난 사람에게서 무엇을 찾고 있는 것일까?

첫 만남, 단지 몇 분 동안에 우리는 상대방에 대한 어떤 이미지를 굳혀 버리게 된다. 몇 분 아니 7초 이내에 이미지가 결정된다고 한다. 더 나아가 천만분의 일 초안에 이미지가 결정된다고 하는 학자도 있다. 이 짧은 순간에 아무 대화가 없더라도 눈으로, 얼굴로, 몸으로, 태도로, 느낌으로 커뮤니케이션이 이루어지는 것이다. 이렇듯 첫인상이 중요한 것은 그것이 그 진위에 관계없이 오랫동안 이미지에 영향을 미치기 때문이다.

또한 첫인상을 두 번 줄 수 없기 때문에 자신의 첫인상에 더욱 신중을 기해야 한다. 그러나 첫인상에 성공했다고 해서 성공이 이루어진 것은 아니다. 하루 24시간 자신의 행동은 자신이 이미지를 만들어가며 자신의 삶을 형성해 가고 있으므로 매일 매일 자신의 이미지 향상을 위한 노력을 게을리 하지 않아야 한다.

그럼 첫인상을 결정짓는 요인들을 살펴보고 자신의 이미지와 비교 분석 자신이 전달하고 싶은 첫인상의 이미지를 선택해 보도록 한다.

3) 색 이미지

첫 인상을 좌우하는 가장 중요한 요인은 바로 시각적인 판단이다. 눈을 통해 얻어지는 첫 인상의 정보는 계속된 만남에 있어 끊임없는 정보를 제공한다. 시각적인 정보는 제일 처음 색에 의해 인식되어 지는데 색에는 사람의 마음을 움직이는 효과가 있는 미묘한 특성이 있기 때문이다. 색으로 받은 인상은 색체에 따라 다르며 감정도 다양하게 느껴지는 경험을 해보았을 것이다. 색을 선택할 때는 단지 색채 감각만으로 그치는 것이 아니라 그 색의 감정효과까지 의식해야 한다.

우리의 생활에서 '색'의 중요성이 강조되어 온 것은 이미 오래전의 일이다. 이미 기업들도 기업의 이미지를 인식시키기 위해 다양한 색의 효과들을 활용하고 있으며, 이는 색을 통해 고객의 감성을 사로잡을 수 있기 때문이다. 사람의 감성을 자극하는 색을 잘 활용한다면 자신의 이미지를 최대한 끌어 올릴 수 있을 것이며 상대방에게 호감을 주는 첫 인상을 인식시킴으로써 보다 성공적인 커뮤니케이션을 이끌어갈 수 있다.

사람은 태어나면서부터 유전에 따라 결정된 피부색을 가지고 있다. 이 유전적인 피부 바탕색은 절대 변하지 않는다. 즉, 멜라닌(밤색), 카로틴(노란색), 헤모글로빈(빨간색) 이 3가지 색소가 합해져 자신만의 고유의 색을 갖게 된다. 이 바탕색을 기초로 해서 자신이 타고난 색이 파란색 계통(차가운 사람)인가, 노란색 계통(따뜻한 사람)인가를 구분해 내는 것이다. 자신의 타고난 색을 구별해서 자신과 가장 잘 어울리는 색을 찾아내는 작업을 색채진단이라고 한다. 사람들은 본능적으로 자신에게 어떤 색들이 가장 잘 어울리는지 알아낸다. 자신의 색을 찾는 다는 것은 자신에 대한 자긍심을 갖는데 큰 효력이 있다.

4) 퍼스널 컬러

사람들의 얼굴 생김새가 모두 다르듯, 사람은 각자 태어나면서부터 자기 자신만의 색을 가지고 있다. 피부, 머리, 눈동자의 컬러는 어울리는 패션과 메이크업 컬러를 결정지어 그 사람만의 고유한 이미지를 만들어 낸다. 아무리 아름다운 컬러라고 해도 자신이 가지고 있는 색과 완벽한 조화를 이루지 못하면 진정한 아름다움을 실현할 수 없다.

(1) PCS(Personal Color System)란?

퍼스널 컬러 진단 시스템(PCS/Personal Color System)은 개인의 색채 이미지를 과학적이고 체계적인 과정을 통해 객관적으로 분석하기 위한 색채 진단 시스템으로 사계절 색채(Four Seasons Color System)를 바탕으로 어울리는 컬러와 어울리지 않는 컬러를 분석, 구분하여 모든 생활에 컬러 이미지 연출(Color Image Making)을 하는 것이다.

컬러 이미지 연출은 퍼스널 컬러 진단 시스템으로 분석한 퍼스널 베이직 컬러(Personal Basic Color)를 기본으로 계절 유형, 성격, 연령, 환경 및 얼굴형을 분석하여 베스트 컬러(Best Color), 베이직 컬러(Basic Color), 워스트 컬러(Worst Color)로 세분화 시켜 사용한다. 이렇게 세분화된 색상은 개인의 메이크업, 헤어, 의상, 소품 및 개인의 정서와 생활환경에 모두 활용하여 외적인 아름다움은 물론 내면의 안정과 건강을 지켜준다.

(2) 퍼스널 컬러 이미지 메이킹의 중요성

빠르게 변해가고 있는 21C 시각적 감성 정보화시대에 남보다 신속하고 정확한 이미지 전달을 위하여 첫인상과 긍정적인 이미지 연출이 매우 중요시 되고 있다.

처음 만난 상대방의 이미지를 파악하는데 불과 3~15초가 걸리는데 이것을 스냅스(Snaps)현상이라고 한다. 스냅스 현상은 우리 인간의 뇌에서 장・중・단기적으로 기억하는 현상으로 한 번 각인된 첫 인상은 상대방에게 짧게는 6개월에서 길게는 2~3년까지 인식이 되어 처음 받은 이미지가 바뀌기란 매우 힘든 일이다. 이러한 스냅스 현상에 있어서 상대방의 인상을 결정짓는 가장 큰 역할을 하는 것이 바로 컬러이다. 그러므로 적절한 컬러 즉, 자신의 이미지를 극대화 시켜주는 퍼스널컬러를 통한 이미지 연출은 현대 사회에서 간과할 수 없는 필수 요소라 할 것이다.

〈색채 진단방법〉

1단계

- 피부 바탕색의 진단
- 금색, 은색, 밤색, 검정색의 진단 수건을 준비한다.
- 은색과 검정을 목에 둘렀을 때와 금색과 밤색을 목에 들렀을 때 어느 쪽이 더 얼굴에 잘 받는지를 살핀다.
- 은색과 검정이 더 잘 받을 땐 : 파란색 계통의 차가운 사람
- 금색과 밤색이 더 잘 받을 땐 : 노란색 계통의 따뜻한 사람의 피부를 갖고 있다고 진단한다.

2단계

- 파란색 계통의 차가운 사람은 여름 사람과 겨울 사람으로 구별되며 노란색 계통의 따뜻한 사람은 봄 사람과 가을 사람으로 구별된다.

겨울색	파란색을 바탕색으로 채도가 높은 선명하고 원색계통의 짙은 색으로 깨끗한 이미지를 주면서도 차갑고 화려한 이미지를 주기도 한다. 강렬한 블루, 검정을 기본으로 블루, 레드, 와인, 청보라, 청회색, 은색 등이 있다.
여름색	흰색과 파란색을 바탕색으로 은은하며 강하지 않은 중간색 톤의 파스텔 색으로 여성스럽고 부드러운 이미지이다. 연블루, 연회색, 연보라, 연핑크, 연그레이 계열이다.
봄 색	노란색을 바탕색으로(명도와 채도가 높은) 선명하며 밝은 색, 은은하지 않고 너무 어둡지 않은 색이다. 선명한 레드, 블루, 그린, 오렌지, 바이올렛 등의 생명력과 에너지를 느낄 수 있는 색이다.
가을색	노란색을 바탕색으로 차분하고 가라앉는 톤으로 비교적 채도와 명도가 낮아 풍성한 이미지를 준다. 황색 빛의 노란색 계열, 브라운, 카키, 베이지계열 등이 있다.

주의 : 진단을 할 때는 화장을 깨끗이 지우고 낮의 빛을 띤 전등 아래나 자연광 아래서 이루어져야 하며 머리카락 색이 방해되지 않도록 흰 수건으로 감싼다.

〈올바른 진단 시〉

- 피부가 맑고 건강한 고른 톤을 보인다.
- 눈동자가 반짝이며 동공색이 강하게 나타난다.
- 모공이 줄어든듯하여 잘 보이지 않는다.
- 얼굴이 젊어 보인다.
- 얼굴의 그림자 지는 부분이 적어진다.
- 여드름 자국 등이 잘 보이지 않는다.
- 부드러운 얼굴 표정이 보여 진다.
- 잘못된 진단 시엔 반대의 현상이 나타난다.

간단히 찬색을 좋아하는 사람은 차가운 색상에 속하는 경우가 많고 머리카락이나 눈빛이 검으며, 따뜻한 색을 좋아하는 경우 머리카락이나 눈빛이 갈색에 가까운 따뜻한 색상이 많다. 그러면 각 계절별 사람의 특징을 살펴보자.

(3) 피부색 Warm & Cool

❶ Warm Class Color

Warm Class에 속한 사람들은 얼굴의 인상에서 풍기는 전체적인 색조를 노란빛과 황색 빛과 같은 따뜻한 느낌의 옐로우라고 표현 할 수 있는 사람들이다. 일반적으로 밝고 노르스름한 피부, 중간 톤의 노르스름한 피부, 노르스름하고 붉은 빛이 감도는 피부, 노르스름하면서 갈색 빛이 감도는 피부 등의 피부색을 가진 사람들이 해당된다. Warm Class에 속하는 사람들은 일반적으로 따뜻하고, 건강하고, 친숙한 이미지를 가지고 있다. Warm Class와 어울리는 컬러는 따뜻한 컬러의 대표 색상인 옐로우를 바탕으로 했을 때 잘 조화되는 컬러들이다.

❷ Cool Class Color

Cool Class에 속한 사람들은 얼굴의 인상에서 풍기는 전체적인 색조를 흰색과 푸른색과 같은 차가운 느낌의 블루라고 표현할 수 있는 사람들이다.

일반적으로 흰색이 감도는 밝은 피부, 흰빛이 감도는 중간 톤의 피부, 약간 붉은 피부에 흰빛이 감도는 피부, 흰빛이 감도는 어두운 톤의 피부 등의 피부색을 가진 사람들이 해당된다.

Cool Class에 속하는 사람들은 일반적으로 도시적이고, 차가워 보이며, 샤프해 보이는 이미지를 가지고 있다.

Cool Class와 어울리는 컬러는 차가운 컬러의 대표 색상인 블루를 바탕으로 했을 때 잘 조화되는 컬러들이다.

5) FSCT 사계절의 컬러 유형(Four Seasonal Coloring Type)

(1) 봄 사람의 특징

- 피부색은 노란색을 띤다.
- 발랄하고 개성적이며 성격이 명랑하다.
- 피부는 잡티가 생기기 쉽다.
- 리더 기질이 많으며 나서는 성격이라 판매직이 좋다.
- 황금 주얼리가 잘 어울린다.
- 허약하며 음의 체질을 갖고 있다.

(2) 여름 사람의 특징

- 피부는 희고 뽀얗고, 밝거나 어두우면서 붉은 빛이다.
- 고전적인 겸손함과 우아함을 지닌 클래식한 느낌의 사람들이 많다.
- 조용하고 치밀하므로 기획하는 일이 맞는다.
- 검은 눈빛, 검은 머리카락을 가졌으나 부드러운 느낌이 특징이다.
- 은색 액세서리가 어울리며 노란색을 바탕으로 한 밤색이나 오렌지색 등을 삼간다.
- 바딩색이 칭색으로 파스텔색이 가상 이미지와 어울린다.
- 양의 체질이므로 피부색은 음의 색을 띠며 붉은 느낌의 찬색이다.

(3) 가을 사람의 특징

- 피부색은 탁한 노란색을 띠는 게 특징이다. 햇볕에 잘 타서 잡티나 기미가 잘 생긴다.
- 친근감을 느끼게 하는 사람들이다.
- 남을 위해 봉사하는 사회사업가 기질이다.
- 좀처럼 남의 말에 휩쓸리지 않는다.
- 여유로운 분위기를 갖는다.
- 피부색이 부드러운 느낌이나 윤기가 없다.
- 가을의 모든 색이 잘 어울린다.
- 자연재료로 만든 액세서리가 무난하다.
- 자연적이고 호감 가는 인상이다.
- 음의 체질이므로 양의 색을 띤다.

(4) 겨울 사람의 특징

- 피부색은 밝거나 어두운 노란색이며 윤기가 돈다.
- 강하고 맑은 인상을 준다.
- 눈동자와 머리카락은 선명한 검정색으로 푸른빛이 돈다.
- 개성적이며 도시적이고 섹시한 이미지가 많다.
- 정적으로 보이나 동적이다.
- 차가운 색 계열의 와인색의 염색이 어울린다.
- 주얼리는 다이아몬드가 가장 어울린다.
- 차가운 느낌의 은이나 주석 같은 금속성의 액세서리도 무난하다.
- 선명한 기본색이 잘 어울린다.
- 양의 체질이다.

6) 행동 이미지

(1) 표정 이미지

"얼굴 표정은 곧 사람이다."

우리의 얼굴에는 우리의 문화가 있다.

첫째, 기후적인 특징으로 추운 북방계인 우리의 얼굴은 홑겹눈과 평퍼짐한 코 얇은 입술의 특징을 갖고 있다. 한국인이 세계인 중에 눈이 가장 작은 것은 곧 시베리아의 빙하기를 보낸 사람들이라는 증거이기도 하다.

둘째, 환경적으로 농경사회였던 지역인 탓에 한 곳에 정착해서 오랫동안 살아왔기 때문에 새로운 사람을 만날 기회가 없었으며 상대방에게 잘 보이기 위한 행동들은 별로 중요치 않았다.

그러나 늘 떠돌아다니며 유목 생활을 했던 사람들은 새로운 곳에 정착할 때마다 자신에게 적의가 없음을 표시해야 했고 새로운 사람들과의 교류를 위해 자신을 호감이 갈 수 있게 만드는 연출을 해야만 했다.

당연히 그들의 표정은 다양하게 습관화 되고 웃는 모습 호감 가는 표정들이 유전화 되어 지금의 여유로운 서구인들의 표정이 만들어졌다고 해도 과언이 아니다.

또한 우리의 얼굴에도 선조들의 살아온 환경과 삶의 방식들이 굳어져 유전화 되어 왔기 때문에 우리의 표정은 딱딱하고 근육이 쳐져 우울하거나 화난 인상을 갖게 되었다.

셋째, 언어 습관도 표정에 미치는 영향을 무시할 수 없다. 언어가 발달할수록 표정이나 제스처는 단순해지고, 그렇지 못할수록 표정이나 제스처의 다양성을 알 수 있다. 풍부한 우리의 언어 표현으로 인해 표정이나 제스처의 필요성이 크지 않았다는 얘기다.

얼굴에서의 "얼"은 영혼을 뜻하고 "굴"은 통로라는 뜻을 가지고 있다. 즉, 내 얼굴은 나의 영혼까지도 보여줄 수 있는 중요한 곳이다.

이처럼 얼굴은 사람의 신체 가운데 가장 표현력 있고 눈에 띄는 부분으로 얼굴을 통해 그의 삶이 어때했는지를 판단하기도 하며 상대방의 느낌과 감정을 읽어내기도 한다. 특히 얼굴의 표정은 얼굴 생김새보다 더 중요한 커뮤니케이션의 수단으로써 상대에게 호감을 주느냐 못주느냐를 결정하기도 한다.

우리의 얼굴에는 무려 80여개의 근육이 있어 7천 가지 이상의 표정을 만들어 낼 수 있다고 한다. 표정이 있다는 것은 곧 내가 살아있다는 증거임을 잊어서는 안 된다.

❶ 눈의 이미지

사람의 눈은 혀만큼이나 많은 것을 이야기해준다.

더욱이 시각적인 대화에는 사전이 필요 없으며 세계 어느 곳에서도 통용이 된다는 이점을 갖고 있다. 시선은 사람과 사람을 맺어주는 중요한 커뮤니케이션의 수단이다. 거의 모든 커뮤니케이션의 정보를 눈을 통해 받아들이고 있다. 또한 상대방에게 시선을 주는 것은 말에 의한 전달을 보충해 주기도 한다. 눈을 잘 활용하면 보다 훌륭한 커뮤니케이션이 이루어질 수 있으며, '눈은 인간의 내면을 엿볼 수 있는 구멍' 이라고 한다. 눈의 색깔, 움직임, 동공의 크기로 상대방의 다양한 심리(동요, 당황, 진지함 등)나 성격을 읽을 수 있다. 역으로 자신의 생각이나 의지를 눈을 통해 상대에게 전달할 수 있으며 더 나아가 강요나 설득도 가능하게 된다.

일반적으로 우리는 사람을 처음 대할 때 제일 먼저 눈을 보며 서로의 마음을 읽고 대화를 풀어 나가기 때문이다. 실제로 한 실험 결과에 의하면 인간의 두뇌는 사람을 떠올릴 때 한 사람의 전체 이미지 중 60% 이상을 눈의 이미지에 의해 기억한다고 한다. 이와 같이 커뮤니케이션에 있어 눈빛은 호감을 표시하기도 하고 적대감을 보이기도 하며 무의식중에 나의 감정을 전달하게 되므로 '마음의 창' 이라고도 한다. 자신의 이미지 전달에 보다 신중을 기하기 위해서는 호감과 신뢰감을 줄 수 있는 시선연출을 할 수 있어야 한다. 그러기 위해서는 항상 긴장을 잃지 않으며 자신 있고 당당하게 자신을 표현할 수 있도록 늘 긍정적이고 능동적인 사고를 가져야 하며 상대방에 대한 배려와 삶에 대한 여유로운 마음 자세를 지녀야 한다.

바람직한 눈매

- 눈동자 한가운데 고정된 안정된 눈빛(초점이 정확한 눈빛)
- 맑고 또렷한 눈빛(술, 담배, 피곤에 지치지 않은 건강한 눈빛)
- 상대방의 눈높이와 시선을 맞춘다.
- 부드럽게 상대방의 미간이나 볼 턱을 바라본다.
- 얼굴과 몸을 시선과 같은 방향으로 움직인다.

바람직하지 않은 눈매

- 치켜뜨는 눈, 내리뜨는 눈, 곁눈질, 흘겨보기 등

눈 운동

- 눈을 꼭 감고, 하나 둘 셋을 센 다음 최대한 크게 번쩍 뜬다.
- 3회 정도 반복한 뒤 눈을 크게 뜬 상태에서 눈동자를 천천히 위 → 아래 → 좌 → 우로 움직여 준다.
- 눈동자를 오른쪽으로 천천히 한 바퀴 다시 반대로 한 바퀴 천천히 돌려준다(2~3 반복).
- 최대한 오른쪽으로 눈동자만 보낸 뒤 5초 머문다. 다시 왼쪽으로 최대한 보낸 뒤 5초 머문다.

❷ 눈썹의 플러스(Plus) 효과

상대방과의 대화중 눈썹을 올리면서 말하는 사람이 그렇지 않은 사람보다 심리적 우위에 선다고 한다. 눈썹은 상대방과의 만남을 자신감 있고 호감 있게 만들어 주는 역할을 한다. 눈썹을 한 번 위로 올려 주면 표정이 밝아지고 목소리도 활기차게 되어 긍정적인 이미지를 표현하게 된다.

눈썹 운동

- 찡그린 표정이 눈썹과 웃는 표정의 눈썹을 번갈아 만들어 본다.
- 양손의 검지 손가락을 눈썹에 살짝 갖다 댄다.
- 검지 손가락을 기준선으로 아래로 내렸다 위로 힘껏 당겨 올린다(5회씩 반복).

• 손가락을 떼고 위에서 5초 머물고 아래로 내려서 5초 머문다.

❸ 호감 가는 미소 이미지

"미소는 상대방의 마음의 문을 여는 열쇠이다."

아무리 주어도 줄지 않으며 받는 자는 풍부해지는 것이 미소의 힘이다.

미소는 머리로 배우는 지식이 아닌 반복적으로 익힐 수 있는 기술이자 습관이다. 상대방의 기분을 좋게 하는 밝고 경쾌한 미소는 상대방뿐 아니라 자신의 마음까지도 즐겁게 하는 강력한 에너지가 된다. 아이의 입에 연필을 물고 "이"하고 웃는 표정으로 만화를 보여주면 아주 '재밌다'는 반응을 보이고 입술을 내밀어 "우"하고 화난 표정으로 만화를 보게 했더니 한결같이 '재미없다'는 반응이었다. 위의 실험으로 알 수 있듯이 행복해서 웃는 것 보다 웃으므로 행복해지는 기분을 더 만끽할 수 있다는 얘기다.

웃음은 사랑이며 희망이며 소망이기도 하다. 입이 웃으면 뇌가 웃고 뇌가 웃으면 마음이 웃는다고 한다. 웃음 요법 치료사들은 한번 웃는 것은 에어로빅 운동 5분의 운동량과 같은 효과를 얻을 수 있다고 주장한다.

웃음은 이미지를 올려주고 건강을 주며 비즈니스에 있어 대단한 플러스 효과를 가져다준다. 잘 웃는 사람 주변에는 늘 많은 사람들이 따른다는 것은 누구나 알고 있는 사실이다. 가장 쉬운 다이어트가 웃음이며, 세상에서 가장 아름다운 성형은 바로 미소이다.

사람과 만나는 것이 자산인 시대에, 미소가 매너로 자리 잡은 세계인들과 함께 경쟁하고 공존하기 위해선 미소는 이제 우리의 생존 수단이 되었다.

이 생존 수단인 미소를 습관화 하는 것이 바로 경쟁력이다. 미소가 습관이 되면 관상이 바뀌어 운명이 바뀔 수 있다는 것도 부정할 수 없는 사실이다. 나의 표정은 내 마음의 거울이며 상대방의 얼굴 표정은 곧 나의 거울이기도 하다.

미소 훈련

입 모양이 활짝 열리기 위해서는 우선 뺨에 있는 큰 광대근이 유연하게 풀려 있어야 입 꼬리를 위로 활짝 당겨줄 수 있다.

- 풍선을 불듯이 입안에 공기를 빵빵하게 넣는다.
- 볼을 빵빵하게 부풀린 채 좌로 움직여 3초 우로 움직여 3초씩 머문다.(3회 반복)
- 공기를 다시 앞쪽으로 이동시킨 뒤 5번에 나누어 공기를 천천히 뱉는다.
- 입 꼬리를 당겨 초승달 모양을 만든다.
- 큰소리와 큰 입모양으로 하-헤-히-호-후 한다.
- 위스키-이 하며 입모양을 10초간 유지한다.

가장 아름다운 미소

- 입 꼬리가 위로 향한다.
- 입술 모양이 좌우 대칭이며 잇몸도 좌우 대칭이다.
- 미소 지을 때 입 꼬리 끝이 눈동자 간격보다 넓다.
- 윗니가 90% 이상 아랫니가 10% 이하로 보여야 아름답다.
- 윗니의 끝부분이 아랫입술의 만곡 된 모양을 따라 휘어야 젊은 느낌이 든다.
- 이는 황백색을 띤 것이 젊고 건강한 인상을 준다.

미소 효과

- Image plus 효과
- Health plus 효과
- Service plus 효과

찡그린 얼굴은 굴러들어오는 복도 내쫓고, 다 된 일도 꼬이게 한다.

복을 부르는 표정 처세로 좋은 인상을 만드는 것은 성공의 기본 조건이다.

3 호감가는 인상 이미지

눈썹 코털은 가지런히

눈썹 사이 미간이 좁은 사람은 속이 꽉 막힌 사람처럼 보일 수 있어 신뢰감이 떨어질 수 있다. 비산에 동전 한 개가 들어갈 만큼 남기고 뽑아준다. 관상학에서 코는 영혼이 드나드는 통로, 특별히 청결하고 단정하게 관리해야 한다.

빠져나온 코털은 단정하지 못한 인상을 주므로, 당연히 정리 하는 게 좋다. 또 귀에 있는 털은 몸이 건강하다는 표시이므로 놔둬도 되지만, 구레나룻은 길게 기르면 좋지 않다. 턱수염은 상관없다.

이마는 드러내고 점은 빼고

어른들 말처럼 이마는 훤한 게 좋다. 여성의 경우 동그랗게 넓으면 좋고, 남성의 경우 시원하게 각진 모양이 좋다. 이마가 좁고 밉더라도 시원하게 드러내는 것이 더 낫다는게 관상 학자들의 조언. '3자' 모양으로 이미 한가운데 빠져나온 머리털은 뽑아 주는 게 좋다. 또 점이나 기미는 되도록 빼는 게 좋다.

청결한 입으로 자주 웃어라

남녀 모두 입이 단정해야 한다. 기운을 받아들이는 곳이기 때문이다.

입가에 침이 늘 고여 있으면 상대방에게 불쾌감을 줄 수 있으므로 청결하게 한다. 관상학에서는 윗니는 사회생활, 아랫니는 개인생활과 관계있다고 본다. 입 꼬리는 살짝 올라간 모양이 복을 부른다는데 자주 웃으면 입 주위 근육이 좋아지고 입 꼬리도 올라간다. 입 꼬리가 처지면 우울한 인상을 주기 때문에 입 꼬리가 올라간 입 모양새를 만들어 유지하는 게 좋다. 여성의 경우 코를 찡그리면서 웃는 것도 좋지 않다.

다리를 떨면 집중이 안 된다.

관상학에서는 활처럼 단정한 몸자세를 강조한다. 곧은 자세로 앉거나 선 사람은 다른 사람들에게 믿음직한 이미지를 안겨주기 때문이다. 직장인들 중 어깨가 굽은 사람이 많은데, 어깨가 굽으면 기운 자체가 펴지지 못하고 뭉쳐서 스스로 위축되는가 하면 소화 기능도 나빠진다. '다리 떨면 복 나간다.'는 어르신들 말씀 역시 공연히 나온 게 아니다. 몸의 받침대인 다리를 떠는 습관은 몸의 주춧돌을 자꾸 흔드는 셈. 정신 집중을 방해하고 다른 사람들에게도 산만한 인상을 준다. 두둑한 뱃살도 복을 쫓는다.

❹ 상황에 따른 표정 관리 이미지

상사에게 혼날 땐 시선 주의

엉뚱한 곳에 시선을 두거나 눈동자에 초점이 없으면 상사의 말에 집중하지 않는 것처럼 보인다. 눈을 치켜뜨거나 입 꼬리를 실룩대면 반항하듯 보여 치명적, 차후에 변명이나 해명을 하더라도 상사와 시선을 가끔 맞추며 진지한 표정으로 겸허하게 받아들인다. 입은 야무지게 다물고 가끔 고개를 끄덕인다.

지각했을 땐 미안한 듯

지각이 자기 탓이 아니라는 시위라도 하듯 억울하거나 짜증내는 표정으로 출근하는 사람들이 있다. 늦고 싶어 늦는 사람 없다. 지각한 이유를 다른 사람이 알기 전까지는 다소 책임감과 성실성 없는 사람으로 의심 받을 수 있다. 최대한 서두른 듯 미안한 표정으로 들어가자.

짜증나고 화나면 심호흡

세상살이, 뜻대로 안 될 때 많다. 화가 날 때 감정을 억제하지 못하고 씩씩대면 주변 사람까지 불편해진다. 도저히 참기 힘들면 화장실에 한번 다녀오자. 하지만 얼굴을 찡그린다고 화가 풀리는 건 아니다. 심호흡을 크게 하고 '아-에-이-오-우'를 반복해보자.

칭찬 받았을 때

지나치게 겸손할 필요는 없지만 당연시 여기거나 너무 좋은 내색을 하면 얄미워 보인다. 쑥스러운 표정으로 겸손하게 감사를 표현한다. 상 받는 동료나 선후배를 축하해줄 때 표정도 중요하다. "정말 대단하다"라는 말과 함께 진심으로 감탄하는 표정을 짓는다.

휴가 다녀왔을 때

쉬고 또 쉬어도 끝나면 아쉬운게 휴가. 풀어진 몸 일으켜 다시 출근하려니 만사가 귀찮다. 설령 휴가를 망쳤더라도 오랜만에 만나는 상사와 동료들에게 밝은 표정으로 "덕분에 잘 다녀왔습니다." 하고 인사한다. 휴가를 못 잊고 멍해 있거나 노곤한 표정으로 앉아 있으면 상사는 "일하기 싫은데 와 있구나" 라고 생각한다.

서비스할 땐 눈도 웃어야

서비스업에 종사하는 직장인은 '부드럽고 환한 미소'가 생명. 그러나 과장되고 억지스러운 미소는 부담만 준다. 가장 가식적으로 보일 때는 입은 웃고 있는데 눈은 가만히 있는 경우. 미소에 진실이 담겨야 고객에게 편안함을 준다.

첫 인상이 결정되는 데 걸리는 시간은 보통 6~10초 정도라 한다. 개인이나 기업에서는 이미지 파워(Image Power)의 중요성이 커지고 있다.
첫 인상을 결정짓는 요소로 외모, 표정, 제스처가 80%를 차지하고, 목소리의 톤, 말하는 화법이 13% 그리고 나머지 7%가 인격이라고 한다.
현대 사회에서는 훈련과 교육을 통하여 개인의 이미지를 창출하고 연출하는 것이야 말로 조직의 성과를 이루는데 있어 무엇보다 중요한 과제라 할 수 있다.

Chapter 5 비언어적 커뮤니케이션 스킬과 이미지 메이킹

1. 용 모

1) 표 정

'성공하는 사람에게는 표정이 있다', '얼굴은 마음의 거울이며, 웃음은 그 사람이 살아 온 삶의 기록이고, 표정은 그의 신상명세서'라고 한다. 표정은 이미지메이킹에서 핵심적인 키워드다.

표정이란 그 사람의 감정이 외형적 모습으로 나타나는 것을 의미하며, 의사소통에 있어서 말을 사용하여 자기의 의사표현을 하지만 표정을 통해서도 말하는 이의 마음을 읽을 수 있다. 좋은 인간관계의 형성을 위해서 본래의 자신의 표정과는 달리 좋은 느낌을 전달하도록 노력해야 한다. 지구상에서 가장 무표정한 동물은 악어, 갑각류, 어류 등이라고 한다. 반면에 만물의 영장인 인간의 얼굴은 80여개의 근육으로 되어 있고 18가지 웃음을 갖고 7,000여 표정을 지을 수 있다고 한다. 그 중 미소는 친근한 관계나 무엇에 대한 긍정의 의미를 지닌 대표적인 비언어적 신호의 하나이다.

표정은 첫인상에 작용하여 이미지를 결정짓고 이후의 대면을 가능하게 하며 호감을 형성시킬 수 있다. 밝은 표정은 인간관계의 기본이며 다음과 같은 효과를 불러 일으킨다.

(1) 밝고 호감가는 표정의 효과

서비스 마인드는 표정으로 표출된다. 밝은 표정은 호감을 생성하는 전 세계의 공통 언어이며, 서비스 맨의 기본이며 의무이다. 표정은 이미지 형성에 가장 큰 역할을 하고 밝고 호감가는 표정은 상대방에게 호감을 줄 수 있고, 긍정적인 반응부터 이끌어 낼 수 있기 때문에 최고의 인간관계 효과를 낼 수 있으며, 편안한 분위기 연출로 신뢰성을 향상시킨다.

❶ 마인드 컨트롤 : 밝은 표정을 지으면 내 기분이 좋아진다.
❷ 감정 이입 효과 : 내 기분은 물론 상대의 기분까지 좋게 만든다.
❸ 건강 증진 효과 : 위장병의 치유
❹ 신바람 효과 : 상호간의 밝은 표정은 업무의 효율을 증진시킨다.
❺ 호감 형성 : 표정은 내 것이지만 내가 보는 것이 아니라 상대에게 보여지는 것이다.

(2) 좋지 못한 표정의 효과

말의 내용과 함께 서비스 맨의 얼굴 표정의 연출은 긍정적이거나 부정적인 메시지가 될 수 있다. 어떤 서비스 장소에 들어섰을 때 서비스 맨으로부터 환영받고 있다는 느낌이 들었던 경험이 있을 것이며, 그 반대의 부정적인 경험도 있을 것이다. 아무리 예뻐도 어색하거나 무표정한 사람에게서는 좋은 인상을 받지 못한다. 표정이 따르지 않고 입과 몸으로만 하는 예의바른 인사도 좋은 이미지를 줄 수 없다.

❶ 무표정한 얼굴은 상대방에게 불필요한 긴장감과 거리감을 유발한다.
❷ 입을 일자로 굳게 다문 표정은 상대로 하여금 분위기를 서먹하게 한다.
❸ 미간에 주름을 세우는 표정은 상대에게 어둡게 비쳐진다.
❹ 코웃음 치는 것 같은 표정은 상대방의 기분을 상하게 한다.
❺ 눈을 부릅뜬 표정은 상대방에게 두려움을 느끼게 한다.

(3) 표정 체크 포인트

❶ 자신의 웃는 표정이 마음에 드는가?
❷ 자신의 얼굴을 웃는 얼굴로 바꾸고 싶은 생각은 없는가?
❸ 자신의 웃는 얼굴에 대한 칭찬 받은 적이 있는가?
❹ 웃을 때 입을 가리는 버릇은 없는가?

❺ 사진을 찍거나 사람을 대할 때 자연스러운 미소를 지을 수 있는가?
❻ 자신의 표정이 다양하다고 생각하는가?
❼ 자신의 표정관리 수준은 어느 정도인가?

2) 미 소

좋은 표정은 멋진 미소와 동반될 때 훨씬 효율적이다. 고객에게 미소짓는 것과 같은 단순한 비언어적 암시는 서비스 맨이 고개 중심적이라는 효과적인 메시지를 전달하고 고객을 응대함에 있어 항상 미소짓고 고객을 기꺼이 돕겠다는 열정과 의지를 표현해야 한다.

우선 내면을 가꿔야 이미지도 개선되므로 항상 스스로 밝고 즐거운 마음을 갖도록 노력해야 한다. 미소를 지을 때에는 눈과 입만 웃는 것이 아니라 마음속으로 즐거워하며 우러나오도록 해야 한다. 나의 얼굴은 늘 타인에게 노출되어 있으나 정작 나 자신은 내 얼굴을 볼 기회가 많지 않다. 미소는 일시적인 연출이 아니라 꾸준한 습관에서 나온다. 얼굴을 이용하여 밝고 매력적인 웃음을 연출하기 위하여 훈련을 통해 자신의 표정과 웃음을 만들도록 한다.

- 친절하고 고객응대의 시작에 있어 가장 중요한 것은 첫 느낌이며, 첫인상을 좌우하는 핵심적 요소는 미소이다.
- 미소는 상대방을 편하게 할 뿐만 아니라, 인간관계를 좋게 하며, 자신의 마음도 즐겁게 한다.
- 미소를 지울 때는 미소가 기대되는 자리이기 때문에 억지로 미소 짓기보다는 상대방을 진심으로 좋아 하려는 노력이 필요하다.
- 개인적인 습관을 이겨내고 좋은 느낌을 전달할 수 있는 표정의 연출이 필요하다.

미소의 마력

- 사람은 슬퍼서 우는 것이 아니라 울기 때문에 슬퍼지며, 즐거워서 웃는 것이 아니라 웃기 때문에 즐거워진다. －제임스 랑케－
- 여성에게 있어서 최고의 화장술은 웃는 것이다. －나이팅게일－
- 웃지 않으려거든 가게 문을 열지마라. －중국 속담－

(1) 미소를 보여 주는 거리

- 밀접거리(0~45cm) : 친밀한 거리로서 연인 사이나 부모 · 친척
- 개체거리(45~120cm) : 사적인 거리로서 친한 친구, 마음이 편해 가까워지고 싶은 사이, 고객에게 무엇인가를 설명할 때
- 사회거리(120~360cm) : 사회적인 거리로서 일반적인 고객 응대시, 상거래, 취직면접, 사회적 상황
- 공중거리(360cm 이상) : 공적인 거리로서 고객과 대화는 하지 않고 지나치게 되었을 때, 공적 모임 때

(2) 스마일의 효과

- 대화효과
- Mind Control 효과
- 감정이입(공감)효과
- 건강증진효과
- 신바람효과
- 호감효과
- 실적향상효과

(3) 고객이 싫어하는 시선

- 위로 치켜뜨는 눈
- 아래로 뜨는 눈

- 아래 · 위로 훑어보는 눈
- 한 곳만 응시하는 눈

(4) 제2의 언어인 미소를 훈련으로 만들자

풍부한 표정을 익히기 위해서는 평상시에도 시간을 내어 연습을 하도록 하고, 미소를 익히기 위해서는 눈 주위 · 입 주위 근육운동이 중요하다.

- Smile과 Laugh의 차이점은 무엇일까?
- 굳어 있는 얼굴의 근육을 풀어 주면 부드러운 표정을 만들 수 있다.
- 호감을 주는 미소를 지어 보자

3) 용 모

우리가 사람을 대할 때 먼저 눈이 가는 곳은 얼굴이다 얼굴을 의미하는 '용(容)'을 중심으로, 겉으로 드러나는 전체적인 모습을 용모라고 한다. 겉으로 들어나는 용모는 자신과 회사의 이미지를 반영하게 되며, 고객에게는 아마추어인지 전문가인지를 추측하게 해준다.

상대에 대한 인상을 새기는데 있어서 첫인상이 90%를 좌우하며, 3초면 호감 여부를 결정할 수 있으며 그것의 67%가 시각적 요소에 의해 작용된다고 한다. 그리고 시각적 감각기관인 눈길이 처음 가는 곳이 얼굴이라고 한다면 용모 관리는 더없이 중요한 경쟁력이다.

직장인의 용모는 직업의식의 표현이며, 아무리 주의 깊고 양질의 서비스를 제공한다 해도 고객은 서비스 맨의 외모와 외형을 기반으로 판단하게 된다. 옷을 단정히 입고 세련된 용모를 갖춘 경우 보는 이로 하여금 긍정적인 메시지를 주게 됨은 당연한 일이다.

면접에서 요구하는 용모는 단정함이다. 용모나 복장(복장은 다음장에서 학습하도록 한다.)은 자신의 첫 인상일 뿐만 아니라, 조직의 이미지까지 결정하기 때문에 단정함을 중시한다.

용모는 타고나는 것이지만, 개인의 관심과 노력에 따라 개선할 수 있다. 따라서 단정함과 청결을 바탕으로 자신의 개성을 표출하면 되는 것이다. 단정한 용모를 유지하기 위해서는 철저한 자기 관리와 지속적인 노력이 필요하다.

(1) 용모의 기본 점검 : 위생과 청결

고객서비스에 있어 가장 중요하면서도 필수적인 요소이다. 특히 식음료를 다루는 서비스 맨에게 있어서는 개인의 청결문제 뿐만 아니라 고객이 보는 앞에서 특히 손의 사용을 주의해야 한다. 항상 고객의 가시권에 있는 서비스 맨의 손은 깨끗하고 청결하게 사용되어야 한다.

서비스 맨은 기본적으로 청결함을 유지하기 위해 다음과 같은 사항에도 세심한 주의를 기울여야 한다.

- 머리나 손과 발 등을 항상 깨끗이 한다.
- 손톱은 청결하게 하고 짧게 깎는다.
- 유니폼의 상태는 늘 청결히 유지하고 다림질 상황을 확인한다.
- 이는 항상 깨끗이 닦고 냄새가 강한 음식을 먹은 후에는 반드시 양치질을 한다.
- 남성의 경우 면도를 깔끔히 한다.

자신이 느끼는 청결함도 중요하나 고객이 느끼는 단정함도 중요하다. 따라서 항상 제 3자의 시각에서 단정하게 보이도록 하는 것도 유의해야 한다. 청결하고 단정한 몸가짐에서 그 사람의 인격을 엿볼 수 있으며, 신뢰감을 갖게 하는 요소가 될 수 있다. 단정하고 청결한 용모는 고객에게 첫인상을 결정짓는 매우 중요한 기본요소임을 항상 유념해야 한다. 특히 호텔이나 항공사 승무원 등 식음료 서비스를 담당하는 서비스 분야의 서비스 맨의 용모와 위생문제는 직결되게 된다.

(2) 용모의 기본 점검 : HAIR-DO

단정한 용모야 말로 그들의 서비스 상품의 질을 나타낸다. 서비스 맨의 머리 손질은 항상 청결, 단정해야 하고 입고 있는 의상 혹은 유니폼이나 얼굴형과 조화를 이루어야 한다. 또한 업무 타입에 따라 일의 능률과 직결되므로 업무 특성에 맞는 헤어스타일을 유지하는 것이 중요하다.

머리는 깨끗이 손질하여 귀를 드러내며, 흘러내리지 않도록 유지하며, 혐오감을 주는 염색이나 요란한 파마머리를 피한다. 긴 머리는 묶고, 화려한 장식을 피해야 하며 어깨선에 닿는 경우 그물망을 이용하는 것이 단정함을 유지하는 방법이다. 머리에서 나는 샴푸, 린스 향은 자신뿐만 아니라 주위를 상쾌하게 한다. 남성의 경우 머리 길이는 셔츠 깃에 닿지 않도록 짧게 하고 귀를 드러낸다. 자주 감아서 청결을 유지하며 파마나 염색은 곤란하고, 과도한 머리 세팅을 피한다. 이마를 드러내는 것이 자신감 있는 모습으로 보인다.

(3) 용모의 기본 점검 : MAKE-UP

화장법은 자신의 개성을 드러내는 동시에 단점을 보완할 수 있는 만큼 여성에게 있어 자신에게 맞는 화장법의 숙지는 필요하다. 특히 사회생활을 하는 여성의 경우 자신에게는 자신감을 높여주고 상대방으로부터는 신뢰를 얻을 수 있다. 사람을 대하는 직업에 종사하는 여성들의 화장은 하나의 예의를 갖추는 것으로 간주된다.

'MAKE-UP'이란 말 그대로 화장은 나의 이미지를 UP(업)시켜 주어야지 나의 이미지를 없애거나 깎아내려서는 안 된다. 직장에서 근무중에는 짙은 화장을 피해야 하며 청결하고 건강한 느낌을 전달할 수 있는 화장이어야 한다. 무엇보다 중요한 것은 맑은 눈의 밝은 미소야 말로 최후의 화장법임을 잊지 않는 것이다.

화장이 아름답다고 느껴지는 것은 다음과 같이 메이크업을 했을 때이다.

- 밝고 건강한 자연스러운 메이크업

- 립스틱은 붉은 색 보다는 자연 색조를 이용한 메이크업
- 입고 있는 옷이나 매니큐어 색과 어울리는 메이크업
- 상대방에게 부드러운 인상을 줄 수 있는 자연스러운 메이크업
- 시간, 상황, 장소에 맞는 메이크업

2. 복 장

복장은 체온의 보존과 위험으로부터 보호하는 역할뿐만 아니라 대인관계에서 상대방에게 대한 최소한의 예의 표시이다. 복장은 나 자신의 인격과 교양을 표현하는 언어로 타인에게 전달되며, 직장인의 복장은 곧 직업의식으로 평가된다. 복장은 사람의 경제적 능력, 교육 수준, 사회적 지위, 세련미, 신뢰도, 재치나 견문 등 심지어 그 사람이 속한 사회의 분위기까지 모두 나타낸다고 할 수 있다. 바람직한 복장의 요건은 청결, 조화, 개성을 살리는 것이라고 한다. 사회활동에 잘 어울리면서 자기의 개성도 살리는 몸차림을 하게 되면 주위 사람들에게 좋은 인상을 줄 수 있다. 용모뿐만 아니라 복장에 있어서도 T(Time : 시간), P(Place : 장소), O(Occasion : 상황)에 맞게 품위 있고 단정하며 세련되게 입어야 한다.

1) 여성 비즈니스 정장

현대는 적극적으로 자신의 이미지를 파는 시대이다.

특히 여성의 경우 재치와 따뜻함 등 커뮤니케이션 능력이 남자들 보다 뛰어난 장점을 갖고 있다.

거기에 자신만의 세련되고 도회적인 패션 감각을 연출할 수 있다면 남성과의 경쟁 사회에서도 우뚝 서는 존재가 될 것이다. 사회 속에서 성공적인 이미지를 연출할 수 있는 비즈니스 정장에 대해 살펴보자.

(1) 슈트(Suit)

상의와 하의가 한 벌로 된 것을 슈트라 한다.

❶ 테일러드(Tailored) 슈트

- 제1차 세계대전을 시작으로 1915년부터 대중화되기 시작했다.
- 남성들의 양복 칼라처럼 칼라가 달려있다.
- 가장 기본형의 슈트로 유행을 거의 타지 않는다.

❷ 가디건(Cardigan) 슈트

- 칼라가 없는 재킷과 스커트를 입는 스타일이다.
- 선이 단순하므로 클래식한 분위기를 낼 수 있고 유행주기가 긴 스타일이다.
- 선이 길게 아래로 떨어지므로 키 작은 사람에게도 잘 어울린다.

❸ 샤넬(Chanel) 슈트

- 1910년대에 샤넬이 디자인하여 오늘날까지 많은 여성들이 선호하는 슈트로 우아하고 고전적인 이미지를 연출할 수 있다.
- 직선적인 실루엣으로 무릎 아래 5~10cm인 샤넬라인의 타이트스커트나 세미타이트 플리츠스커트 등과도 매치가 가능하다.

❹ **사파리(Safari) 슈트**

- 사무직원보다는 활동이 많은 자유업 종사자에게 적절하다.
- 쿠롯 스커트나 미니 기장의 스커트에 벨트와 패치 포켓이 있는 상의와 조화를 이룬다.

(2) 원피스 드레스(One-piece dress)

슈트보다는 정장의 이미지가 부족하긴 하지만 최근에는 직장여성에게도 많이 사랑받는 복장이다. 그러나 프릴이나 레이스가 달린 여성스러움을 강조한 디자인 피하는 것이 좋다. 앞트임의 셔츠 스타일과 같은 일자형 원피스가 사무실 분위기에 잘 어울린다. 스커트의 폭은 넓지 않은 것을 선택하며 차분한 색상, 단색 또는 줄무늬나 체크무늬 등의 도시 감각이 느껴지는 디자인이 적당하다.

- 몸의 곡선이 드러나지 않는 소재나 실루엣을 선택한다.
- 좀 더 격식을 차려야 할 자리엔 재킷이나 블레이저를 덧입어 준다.
- 사무실에서는 가디건과의 코디도 권할 만 하다.
- 일자형 원피스에는 벨트를 하는 것이 더 정중함을 더할 수 있다.
- 원피스는 속옷의 라인이 드러나지 않도록 제대로 갖춰 입어야 한다.

(3) 블라우스(Blouse)

여성도 남성과 마찬가지로 상의의 V-zone의 연출이 중요하다. 여성 정장도 마찬가지로 슈트를 입더라도 안에 티셔츠를 받쳐 입으면 세미정장이 된다. 남성의 드레스셔츠와 같이 블라우스는 정장의 상징이요, 여성만이 가지고 있는 우아함의 징표이다. 가능한 한 고급스럽고 감촉이 좋은 실크 소재를 선택한다. 블라우스 칼라의 종류로는 버튼다운 칼라, 스탠드 칼라, 테일러드 칼라 등이 있다.

- 간결한 디자인이나 단색이 지적인 인상을 주면서 어떤 재킷과도 코디가 가능하다.
- 속이 비치는 소재의 블라우스는 입지 않는다.

(4) 니 트

되도록 소재가 고급스러운 제품을 선택하며 가볍고 착용감이 뛰어나야 한다. 니트의 감각을 결정짓는 것은 소재에 달려 있다. 너무 여성스러울 땐 스웨터 위로 벨트를 하거나 스카프 등을 이용해 좀 더 정장의 느낌을 연출한다.

(5) 코트(Coat)

- 소재는 울, 캐시미어 등이 있고 색상은 기본적인 검은색, 감청색, 베이지색 등이 좋다.
- 실루엣은 여성적인 것 보다 심플한 A라인이나 박스형이 정장위에 덧입기 무난하며 싫증나지 않게 입을 수 있다.
- 체형이 뚱뚱할 경우 싱글 버튼 형을 고르는 것이 좋으며 바바리코트의 경우는 성숙하면서도 세련된 느낌을 살려주도록 한다.

(6) 액세서리

직장여성의 경우엔 액세서리를 절제하는 것이 바람직하다. 지나치게 화려하면 착용자 자신이 초라해 보일 수도 있다. 옷매무새를 도와주며 보완할 수 있는 선에서 코디한다. 업무 중 낮에 하는 액세서리는 심플하며 보석이 없는 것으로 선택하며 저녁 파티용은 보석장식도 상관없다.

액세서리는 계절과 환경적인 요인 그리고 직업에 따라 분별력 있는 착용이 중요하며, 옷과의 균형을 맞추는 것이 최우선되어야 한다.

❶ 백(Bag)

외국 속담에 핸드백을 들지 않은 여자는 여자가 아니다라는 말이 있다. 핸드백은 액세서리이기 이전에 여성의 필수품이기 때문이다. 백은 슈트의 스타일과 색상에 따라 또한 계절에 따라 여러 가지 조화로움을 배려하여 선택해야 한다.

- 계절에 따라 개성에 맞도록 구비한다.
- 여름용과 겨울용, 정장용과 캐주얼용을 기본적으로 갖춘다.
- 키가 작을수록 백으로 시선을 끌어본다.
- 백과 구두는 되도록 분위기를 맞추어 준다.
- 가장 정중한 자리에는 금속 줄의 백이 적절하다.
- 숄더백, 손에 드는 토트백, 배낭, 지갑 형 이브닝 백

- 고급스러운 가죽소재를 선택하여 이미지를 품위 있게 정돈한다.

❷ 구 두

구두는 모든 코디의 시작일 수도 있다.
구두의 역할은 남성보다 여성의 경우 더 크게 전체 이미지에 영향을 미친다.

- 검은색, 갈색 외에 밝은 색으로 크림색이나 베이지색을 갖춘다.
- 베이지 색은 스킨 톤과 비슷하며 다리를 길어보이게 하는 효과가 있으며 어떤 의상과도 무난하다.
- 정장을 입을 때는 구두와 스타킹 색상을 통일시켜 주면 다리가 훨씬 더 길어 보이며 정돈되어 보인다.

❸ 스타킹(Stockings)

스타킹은 원래 남성의 전유물이었으나 여권의 신장으로 이제는 여성의 필수

품이 되어 버렸다.

슈트 색상에 비해 무거운 색상은 답답해 보일 수 있으며 스커트와 구두색상을 고려해서 선택한다.

- 구두보다 짙은 색 스타킹은 피한다.
- 스커트 색과 같으면 날씬해 보이게 된다.
- 아이보리색은 깜찍하고 발랄한 분위기를 낼 수 있지만 하체가 뚱뚱해 보일 수 있다.

❹ 벨트(Belt)

벨트는 의상의 분위기를 다양하게 변화시킬 수 있다. 벨트는 구두와 함께 그 사람의 품위를 나타내므로 되도록 좋은 소재의 고급스러운 것을 선택한다.

- 벨트와 구두의 색상을 맞추거나 벨트와 백의 색상을 맞추어 주면 훨씬 세련되어 보인다.
- 옷 색깔보다 튀면 시선이 옆으로 나뉘어져 키가 작아 보일 수도 있다.
- 폭이 너무 넓은 겨우 더 뚱뚱하고 작아 보일 수 있으므로 주의를 기울인다.

❺ 귀금속

귀금속은 반드시 T.P.O에 맞도록 해야 한다. 잘하면 세련되어 보이지만 잘못하면 오히려 역효과를 가져올 수 있으므로 가능한 심플한 것을 선택한다.

시계

전통적인 디자인이 싫증나지 않고 세련된 느낌을 준다.

- 정장용과 캐주얼용을 반드시 구별하고 계절도 감안한다.
- 얇을수록 현대적인 세련미를 풍긴다.

귀걸이

얼굴과 가장 가까운 곳에 위치하므로 얼굴형을 가장 많이 고려해야 하며 직장일 경우 핀 타입으로 작은 것이 좋다. 그러나 파티나 저녁 만찬 시에는 화려한 귀걸이가 필요하다. 자신감이 생길수록 귀걸이의 크기가 커진다고 한다. 그러나 연령과 얼굴형 등을 반드시 고려해 선택한다.

목걸이

- 목걸이는 옷과 목선과의 관계를 고려해야 한다. 또한 얼굴형도 반드시 염두에 두어야 한다.
- 긴 목걸이를 한 경우 흔들리는 귀걸이는 달지 않는다.
- 정장용은 심플하며 눈에 띠지 않는 것이 좋다.

팔찌

- 팔찌는 손의 움직임을 우아하게 연출하는데 효과적이다.
- 팔목이나 팔뚝이 굵은 경우 시선을 팔에 머물게 하므로 팔찌를 하지 않는 것이 좋다.
- 계절에 따라 형태 소재가 다른 제품을 구비한다.

브로치

- 브로치는 재킷을 다양한 느낌으로 연출하는데 효과적이다.
- 키가 작을수록 재킷 깃의 윗부분에 단다.
- 귀걸이나 목걸이와 조화를 이루어야 한다.
- 옷에 장식이 있거나 단추가 화려하면 달지 않는 편이 좋다.
- 색상이 여러 가지로 배합된 옷에는 산만해 보일 우려가 있으므로 하지 않는 것이 좋다.

스카프

스카프는 우아함의 상징이다. 심플한 재킷 위의 스카프는 보온효과와 더불어 정중하면서도 세련된 멋을 준다. 유행에 관계없이 오래 사용할 수 있으므로 고급스러운 소재를 선택한다.

- 심플한 옷에 적당하며 장식이 많은 옷은 피한다.
- 전체적인 옷 색상과 반대될 겨우는 악센트의 역할을 하고 동색인 경우에는

이너웨어와의 연결을 보다 자연스럽게 한다.

모자

모자는 옷차림을 마무리해 주는 액세서리이며 품위를 더할 수 있지만 의상과의 조화 얼굴이나 체형과의 조화 등은 신중히 고려해야 하므로 의상 코디에 자신이 있는 경우에만 권해볼 수 있다.

- 계절에 따라 소재가 달라야 한다.
- 여성의 경우 모자가 의복의 일부분이므로 실내에서도 벗지 않아도 된다. (스포츠 모자는 제외)

향수

우리나라는 무색, 무취의 문화권이기도 하다. 좋아하는 색도 무채색이며 표정도 무채색이다. 예전에는 향수는 바람둥이의 상징으로 비쳐지기도 했지만 오늘날에는 그 사람의 이미지를 완성하는 단계라고 해도 과언이 아니다. 향은 기억 속에 가장 오랫동안 입력되어 있기 때문에 자신은 어떤 향을 상대방의 기억 속에 남길 수 있을지 생각해 보자. 향수의 발향 단계는 탑 노트(Top noto), 미들노트(Middle noto), 베이스노트로(Base note)로 나타낸다.

향수사용법

- 맥이 뛰는 곳, 손목 안쪽과 귀 뒤쪽에 뿌린다.
- 향은 밑에서 위로 퍼지므로 양복 안단이나 무릎 뒤쪽에 뿌리는 것도 좋다.
- 여성의 경우 치맛단에 살짝 뿌려 보는 것도 좋다.
- 옷에 직접 뿌리면 탈색이 될 수 있다.
- 잔향이 실내에 남아 있으면 너무 많은 양을 사용한 것이다.

[표 5-1] 향수의 종류

종 류	농 도	지속시간
퍼퓸(Perfume)	15~30%	6~7시간
오드퍼퓸(Eau de perfume)	5~15%	5시간 전후
오드투왈렛(Eau de toilette)	5~10%	3~4시간
오드콜로뉴(Eau de cologne)	3~5%	1~2시간

2) 남성 복장

(1) 남성 비즈니스 정장 – 신사복(슈트 : Suit)

오늘날 남성들의 사회에서 옷차림은 지위와 성취도를 가늠하는 중요한 지칭이며 그들의 목표 달성 과정에서 하나의 수단으로 사용된다. 즉, 사회 구성원의 일원으로서 타인에게 좋은 인상을 주기 위한 방편인 것이다.

특히 슈트는 단순한 옷이기 이전에 비즈니스맨의 매너와 품위를 대표하는 명함과도 같으므로 어떻게 입느냐에 따라 그 사람의 패션 성향뿐만 아니라 일의 성공도까지 짐작하게 한다.

❶ 더블 벤티드 스타일(Double Vented Style)

상의 뒤에 양옆으로 두 개의 트임이 있는 스타일이다. 영국식 스타일로 앉거나 포켓에 손을 넣을 때 옷이 구겨지지 않게 하며, 엉덩이 부분을 가려줄 수 있다. 그러나 엉덩이가 크거나 배가 나온 사람에게는 적당치 않다.

❷ 싱글 벤티드 스타일(Single Vented Style)

뒤 중앙에 한 개의 트임이 있는 스타일이다. 아메리칸 스타일에서 흔히 볼 수 있는 것으로 착용자를 약간 작아 보이게 하지만 3버튼 슈트에 잘 어울린다.

❸ 노 벤티드 스타일(No Vented Style)

뒤에 트임이 없는 스타일이다. 유럽인들이 선호하는 것으로 포켓에 손을 넣거나 앉을 때 약간의 주름이 생기기도 하지만 모양 자체로는 가장 깔끔하게 보이는 스타일이다.

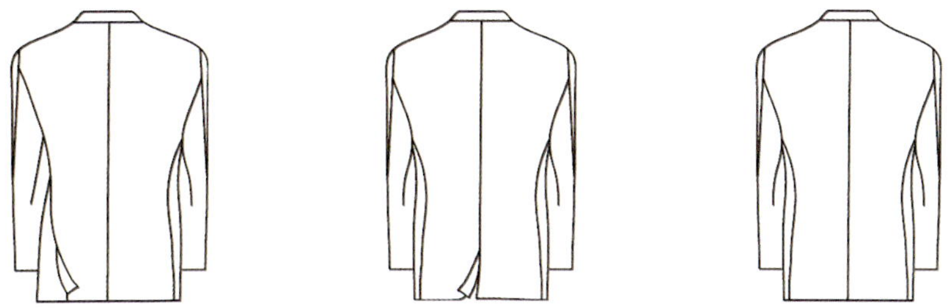

더블 벤트(양트기)
영국식

싱글 벤트
미국식

벤트리스(트기 없음)
이탈리아식

[그림 5-1] 슈트의 구분

(2) 슈트의 선택 요령

슈트를 고를 때 먼저 살펴보아야 할 것은 어깨와 가슴, 소매 둘레, 옷의 길이 등이다.

상의의 어깨 너비는 어깨의 끝에서 바닥으로 수직선을 그었을 때 팔이 선 밖으로 튀어나오지 않을 정도가 되어야 적당하다. 또 단추를 채웠을 때 가슴 부위가 첫째 단추 부분을 앞으로 당겨서 주먹 하나가 들어 갈 정도의 여유가 있어야 편안한 느낌의 옷이며 단추를 채운 채 앉아도 불편한 곳이 없어야 한다.

다음으로 주의해야 할 부위는 소매 둘레이다. 소매 둘레가 좁을 때에는 겨드랑이가 꼭 맞아서 입을 때 불편할 뿐만 아니라 활동적이지도 못하다. 반대로 소매 둘레가 넓을 때에는 팔을 높이 들기가 어려워진다.

상의의 길이는 원래 엉덩이 부위의 굴곡을 가릴 만큼 길어야 한다. 그러나 그만큼 길게 입지 않는 이유는 상의가 짧을수록 다리가 길어 보이기 때문이다. 길이를 2.5cm 이상 늘이거나 줄이게 되면 포켓의 위치가 균형을 잃게 된다. 또 앞길이가 뒷길이보다 1.5cm 정도 길어야 한다. 그래야만 옷이 뒤로 넘어가 보이지 않고 자연스러운 라인을 유지한다.

또, 평소에 가지고 다니는 지갑, 담배, 팬, 수첩 같은 것을 넣어본다. 이때 가슴에 있는 주머니가 불룩 해지지 않으면서 이런 소지품들을 다 넣을 수 있어야 한다.

바지 길이는 밑단 앞쪽이 신발에 가볍게 닿고 뒤는 구두굽 보다 약간 위로 오라오는 정도가 적당하며 양말이 보여서는 안 된다. 단을 접지 않은 바지는 뒷부분이 구두창과 굽이 만나는 지점까지 내려오는 것이 적당하다. 바지, 구두, 양말은 같은 색 계열로 통일시키며 뒷주머니에 지갑, 펜, 명함 등을 넣고 다니지 않는다. 스트레이트형 바지의 실루엣은 일직선 모양으로 치수가 넉넉하지 않으면 주름이 생기며, 바지단은 일반적인 플레인 보텀, 클래식한 턴업과 키가 커 보이도록 하는 모닝 컷 형태가 있다.

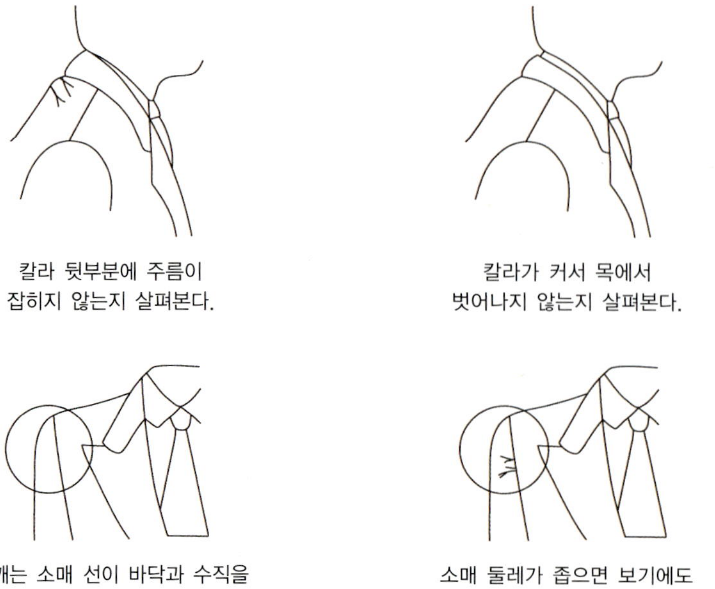

칼라 뒷부분에 주름이
잡히지 않는지 살펴본다.

칼라가 커서 목에서
벗어나지 않는지 살펴본다.

어깨는 소매 선이 바닥과 수직을
이룰 만큼 적당히 넓어야 한다.

소매 둘레가 좁으면 보기에도
흉할뿐더러 활동하기에 불편하다.

[그림 5-2] 슈트 선택 시 주의 사항

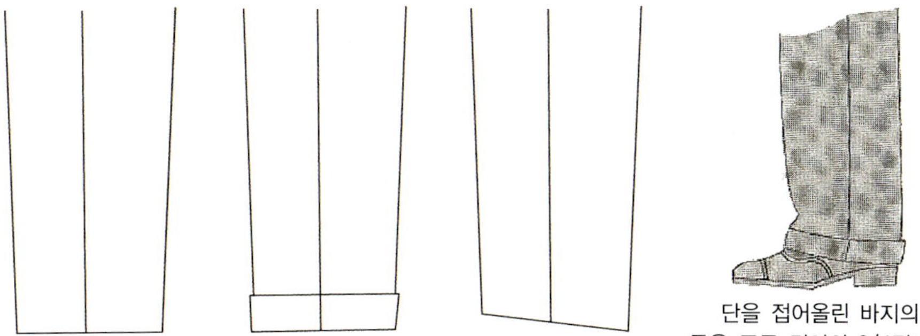

[그림 5-3] 바지 단의 종류

(3) 드레스 셔츠(Dress Shirt)

❶ 기능과 특징

- 셔츠의 생명은 청결이다.
- 셔츠는 속옷의 개념을 가지고 있으며 슈트에 몸의 오염이 묻지 않도록 하는 역할을 하기도 한다.
- 여러 색상이 섞인 줄무늬나 격자무늬 셔츠는 비즈니스 슈트에는 입지 않는 것이 좋다.
- 비즈니스 슈트에는 여름에도 짧은 소매 셔츠를 입지 않는다.
- 고급 드레스 셔츠일수록 가슴 주머니를 달지 않거나 단순한 패치 포켓(뚜껑)이 없는 것이 좋다.

❷ 셔츠 착용법

- 소재로는 순면이 가장 적합하다.
- 선 자세에서 셔츠의 소매는 슈트 상의 소매 밖으로 1~1.5cm 정도 나오도록 입는 것이 보기에 좋다.
- 셔츠 칼라는 슈트 칼라 위쪽으로 1.5cm 정도 올라오는 것이 적당하다.
- 목둘레는 0.5cm 정도 여유 있는 것이 바람직하다.

- 소매의 커프스는 여유 있게 손목에 맞아야 하지만 단추를 풀지 않고는 손을 넣을 수 없을 만큼 좁아야 한다.
- 셔츠의 길이는 허리 아래로 적어도 15cm정도 내려와야 움직일 때 위로 빠져나오지 않으며, 바지의 앞부분이 단정하게 보인다.

[표 5-2] 셔츠 칼라의 종류

레귤러칼라 (Regular straight-point Collar)	가장 널리 알려져 있는 디자인으로 기본 스타일로 많이 이용하고 있는 칼라다. 모든 스타일의 슈트와도 잘 어울리며 어떠한 모임에도 부담 없이 할 수 있는 칼라 디자인이며, 양쪽칼라 사이의 각도는 75°를 표준으로 하고 있다.	
윈저칼라 또는 하프와이드칼라 (Winsor Collar or Half-wide Collar)	영국의 귀족 에드워드 8세 윈저공이 직접 디자인하여 오늘날까지 전해 내려오는 칼라로서 드레시한 느낌을 주어 파티 등에 어울리며 양쪽 칼라의 각도는 110°~140°까지를 유지하고 있다. 각이 넓으므로 넥타이 매듭도 폭이 넓은 윈저노트나 와이드노트가 잘 어울립니다.	
와이드칼라 (Wide spread Collar)	이태리적인 멋스러움을 가진 디자인의 칼라로서 양쪽 칼라 각도는 140° ~ 180°를 유지하고 있으며 윈저칼라보다는 좀 더 벌어진 모양을 하고 있는 것이 특징이다. 매우 드레시한 느낌의 칼라로서 파티나 시상식 등에 잘 어울린다. 현재는 꼭 공식석상이 아니더라도 개성과 멋을 내기 위한 디자인 아이템으로도 윈저칼라와 더불어 널리 쓰이고 있는 추세다.	
버튼다운칼라 (Button-down Collar)	캐주얼 셔츠에서 자주 볼 수 있는 디자인으로 영국의 폴로선수들이 바람에 칼라가 날리지 않도록 하기위해 버튼을 단 것에서 유래 되었다. 최초의 버튼다운칼라 셔츠는 1900년 존 북(John Book)이라는 사람이 드레스셔츠에 적용시켜 만든 셔츠이며, 클래식한 슈트보다는 보기 편한 세미정장이나 캐주얼 슈트에 잘 어울린다.	
탭칼라 (Tap Collar)	윈저공에 의해 고안된 칼라 디자인으로 미국 방문 시 처음 입다. 넥타이를 맨 후 간결한 칼라의 모습을 유지하기 위해 탭으로 고정시킨 것으로 깔끔한 분위기를 연출할 때 주로 쓰이며, 비즈니스 미팅에 좋은 디자인 아이템이다.	

차이나칼라 (Chinese Collar)	중국의 정통의상을 변형시켜 셔츠에 접목시킨 디자인으로 넥타이를 맬 필요가 없어 편리하고 단정한 느낌을 준다. 반면에 공식적인 자리에는 피하는 것이 좋다.	
라운드칼라 (Round Collar)	영국에서 유래된 것으로 명문학교인 이튼스쿨(Eten school)의 교복으로 디자인된 것이 현재는 드레스셔츠로 응용되고 있는 것이다. 클럽칼라(Club Collar)라고도 불리어진다.	
핀칼라 (Pin Collar)	탭칼라에서 변형된 것으로 탭이 아닌 금속 핀으로 양쪽칼라를 고정시킨 디자인으로 깔끔하고 세련된 느낌을 주는 칼라디자인이다.	

(4) 넥타이(Necktie)

남성들이 처음 만나 악수를 건넨 후 대부분 상대방의 옷차림에 시선을 주게 되는데, 흔히 통상적인 신사복을 입고 있으면 그 즉시 넥타이 쪽으로 눈길이 가게 마련이다. 여성과의 만남의 경우에도 대부분 여성의 시선 위치가 남성의 목 언저리의 넥타이에 가장 먼저 닿게 된다. 따라서 넥타이는 남성 옷차림에서 중요한 역할을 맡고 있으며 신사복 자체와 함께 선택과 활용에 세심한 주의를 기울여야 하는 품목이다.

넥타이는 좋은 품질을 고르는 것도 중요하지만 무엇보다 슈트와 어울리도록 선택하며 때와 장소에 맞추어 적절히 매어야 한다. 길이는 벨트의 버클을 살짝 가리는 정도여야 한다. 매는 방법도 소재에 따라 달리하면 더욱 더 멋스럽게 개성을 발휘할 수 있다.

(5) 구두와 양말

- 드레스 슈즈는 화려한 금속 장식이나 스포츠 슈즈의 가벼운 느낌을 주는 구두가 아니면 무난하다.
- 구두를 선택할 때는 윤이 잘 나는 소재를 선택하여 항상 청결한 상태로 관리를 하도록 한다.

- 구두는 남자의 감성을 완성하는 아이템으로 검정과 브라운 두 가지의 컬러를 갖추어 두고 슈트의 색상과 맞추어 연출하는 것이 좋다.
- 양말은 검은색이 기본이고 감색, 짙은 회색 등이 적당하다.
- 언제나 변함없는 제1의 원칙은 바짓단 아래로 맨살이 보여서는 안 된다. 따라서 색깔뿐 아니라 길이에도 신경을 쓴다.

3) 패션 이미지별 코디네이션

(1) 내추럴리즘(Naturalism) 이미지

- 천연 소재의 편안한 실루엣
- 자연으로 돌아가자는 인식의 변화에서 시작 자연미를 강조한 패션
- 클래식 감각의 신선한 여성미를 표현한다.

(2) 로맨틱(Romantic) 이미지

- 귀엽고 사랑스런 소녀 적인 느낌의 패션
- 부드러운 질감의 꽃무늬와 열대지방의 감미로운 자연 색조를 사용
- 프릴이나 레이스 장식 등의 장식적인 디테일을 사용한다.

(3) 매니쉬(Mannish) 이미지

- 독립적인 여성이 지니는 감성 이미지이다.
- 남녀평등의 의미로 입혀지기 시작했으나 가장 섹시한 당당한 여성미를 즐길 수 있는 이미지로 즐겨 입는다.
- 댄디룩, 밀리터리룩 등이 포함된다.

(4) 모던(Modern) 이미지

- 미래지향적이며 현대적인 감각의 패션
- 정신적인 풍요로움과 시각적인 즐거움을 느낄 수 있다.

- 보다 지적인 이미지로 승화시켜 표현한다.

(5) 소피스티케이트(Sophisticated) 이미지

- 도시적이고 세련된 성숙미를 표현하는 전문직의 패션 스타일
- 섹시하면서도 스마트함을 표현한다.
- 지성미와 교양미를 최대한 표출시킨다.

(6) 여피(Youppie)

- 젊은 지식인과 사무직들의 패션으로 일류 브랜드 상품과 보석을 선호하며 전통적이며 보수적인 비즈니스 슈트

(7) 액티브(Active) 이미지

- 밝고 활발한 감성의 패션으로 활동적인 이미지를 강조
- 기능성을 중시

(8) 에스닉(Ethnic) 이미지

- 유럽을 제외한 여러 나라의 민속 의상과 염색, 직물, 패션, 자수 액세서리 등에서 영감을 얻은 패션
- 토속적이며 소박하다.

(9) 엘레강스(Elegance) 이미지

- 우아함, 고상함, 단정함 등의 품위 있는 이미지를 지향하는 클래식한 감성의 패션
- 패미닌 룩의 대표적인 패션으로 여성적인 아름다움을 지향한다.
- 장식이 배제된 심플한 분위기의 연출

4) 상황에 맞는 코디네이션

의복 착용의 매너는 상대를 존경하는 마음이나 배려하는 마음이 전달될 수 있도록 착용해야 한다. 또 의복 착용은 의사소통의 간소화 기능의 작용도 하며 개인의 품위와 인격의 표현이기도 하다. 그러므로 개인의 개성이 무시된 옷차림이 아닌 다양한 라이프스타일에 부합되고 상황에 맞는 옷차림으로 자신의 이미지를 당당하게 연출할 필요가 있다.

(1) 입사 면접시

- 응시자의 이미지를 전달하는 역할을 하므로 호감을 줄 수 있는 옷차림이 중요하다.
- 시선을 얼굴과 상체 부분에 받게 되므로 청결하고 단정한 이미지를 연출한다.
- 평소의 모습에서 너무 벗어나지 않도록 하며, 품위 있고 침착하며 밝은 인상을 줄 수 있도록 코디하는 것이 무난하다.

(2) 맞선시

- 처음 대면하는 자리라 어색하고 긴장되는 순간이므로 과장되지 않게 평소의 스타일에 약간의 격식을 갖추는 것이 무난하다.
- 심한 노출은 삼가며 화사한 정장차림과 옅은 화장이 좋다.
- 예의 바른 자세로 좋은 인상을 주며 상대방을 편안하게 해준다.

(3) 결혼 축하시

- 밝은 색의 슈트, 원피스, 드레스 등의 정장에 액세서리는 화사하게 하되 신부보다 화려하지 않게 한다.
- 검정색만으로 구성된 스타일이나 청바지나 티셔츠, 운동화 등은 피하는 것이 바람직하다.

(4) 문상시

- 신체 노출을 가급적 자제하며 무채색 계통의 수수한 차림이 좋다.
- 주얼리는 일체하지 않는 것이 바람직하다.
- 짧은 소매나 민소매의 경우 상의를 걸친다.
- 짙은 화장은 삼가며 헤어스타일도 단정히 한다.
- 남성은 검정이나 짙은 색 정장 차림으로 검은색 넥타이를 매도록 한다.

(5) 모임시

- 모임의 성격에 맞는 옷차림이 중요하며 무엇보다 주최자나 참가자들에 대한 예의를 갖춘 옷차림이어야 한다.
- 소품을 이용하여 화려하게 코디하는 것이 적합하다.
- 지나친 장식은 오히려 주눅 들게 될 수도 있음을 명심한다.

3. 인 사

인사는 좋은 인간관계를 만드는 첫걸음이며, 사람을 사귀는데 있어서 능동적인 작용을 하는 것이다. 인사는 많은 예절 가운데에서도 가장 기본이 되는 표현으로서 자신의 마음 속에서 우러나오는 존경심과 반가움을 나타내는 형식의 하나다.

인사의 한자 표현인 '人事'의 의미를 생각해 보면 '사람이 마땅히 해야 할 일', '사람을 존중하는(섬기는) 일'이라는 의미이다. 따라서 무엇보다 중요한 것이 인사하는 마음가짐인바 상대를 존중하는 마음으로 인사를 해야 한다. 인사는 인간관계에 있어서 시작과 끝을 장식하는 것이며 서비스의 첫 동작이자 마지막 동작이다.

❶ 예는 마음의 표현이며 사랑의 실천

예는 마음의 표현이다. 마음속에 가지고 있는 바를 겉으로 표현하는 것이 예이다. 예는 꾸며진 하나의 묘사가 아니라 마음에서 스스로 우러나오는 것이다. 그러므로 올바른 마음을 가지고 있어야 한다. 만약 그 마음이 올바르지 못하다면 예를 바르게 지킬 수 없을 것이다.

바른 예는 가장 순수하고 가장 자연스럽게 우리의 생활 속에서 실현되고 지켜지는 민주시민의 필수적인 교양이라고 할 수 있다.

❷ 인사는 예의 으뜸

동서고금을 망라하여 사람의 인품을 말할 때 예절 바른 사람을 제일로 하고 있다. 인사는 그 예절 중에서도 으뜸이며 모든 인간 예절의 기틀이다. 인사란? 사람 인자와 일사 자, 즉 사람이 하는 일이다. 인사는 동물과 특별히 구분되는 인간의 고유한 행위이다. 인사는 인간만의 특징이요, 특권이라고 할 수 있다. 그래서 인사는 인간사회 윤리의 기본이 되며 인간관계 형성의 시발이 되는 것이다.

❸ 인사는 인격의 표현

인사는 처음 만난 사람이나 웃어른 그리고 고객에게 자신의 모든 것을 가장 잘 표현하고 상대에게 호감을 받을 수 있는 첫 관문이다. 인사를 예의 바르게 잘하고 못함에 따라서 상대방에게 건방지다, 착실하게 보인다, 인격자다, 인상이 좋다는 등의 인상을 심어준다.

❹ 인사는 서비스의 기본

비즈니스 사회에서 인사는 애사심의 발로이며 상사에 대한 존경심의 표현이며 동료 간에는 우애의 상징이 된다. 그리고 고객에 대하여는 서비스를 바탕으로 한 비즈니스정신의 표현이 된다. 결국 인사는 서비스 중에서도 가장 근본이 되는 서비스인 것이다. 그러므로 인사는 정성과 감사하는 마음으로 예절 바르고 정중하며 밝고 상냥하게 해야 한다.

이렇듯 인사는 인간관계의 알파이며 오메가이며, 인간관계를 설정해 주는 가장 기본적인 행위라 하겠다. 또한 근본적인 의미는 첫째, 상대방에 대한 불안감을 없애주는 것이고, 둘째는 상대방에 대한 호의를 가지고 있다는 것을 보여주는 것이며 셋째, 자신의 인격과 품위를 나타내는 것이다.

그러므로 사랑과 진심이 깃든 친절하고 기품 있는 인사를 할 줄 아는 사람이 성공할 가능성이 그렇지 못한 사람보다 훨씬 더 많다는 얘기다.

오늘날과 같이 바쁘게 돌아가는 현대 사회에서는 상대방을 모두 깊이 있게 할 수 있는 기회가 적기 때문이다. 각 나라마다의 인사법은 그 나라의 사회와 문화적인 특성들을 반영해 독특하고도 다양한 인사법들을 만들어 냈다. 그러나 흔히 수평적 방식과 수직적 방식으로 구분할 수 있는데 악수, 포옹, 볼 키스, 윙크, 제스처 등과 같은 인사는 수평적 방식이며 이는 수평적 관계가 중시되는 사회에서 발전한 인사법으로 주로 유목, 수렵 생활을 해온 서구인들에게서 자주 나타나는 인사법이다. 반면 동양인들은 농사를 지으며 정착 생활에 익숙해 있어 신체의 일부분을 굽혀 몸을 낮추는 절과 같은 인사 형태가 발전했는데 이때 몸을 굽히는 정도는 상대방과의 신분상의 격차를 나타내 준다. 즉, 수평적 인사법은 결속의 의미를 내포하고, 수직적 인사법은 상하관계를 설정해 주는 의미를 더 많이 지닌다.

그럼 먼저 우리의 전통예절과 인사법인 절의 의미와 올바른 방법을 살펴보자.

1) 전통예절

예절은 우리가 약속해 놓은 생활방식이며 형식상의 절차에 따라 이루어진 것이 아니고 누구든지 다 그렇게 하기 때문에 하나의 관습(버릇)이 되고 그 습관이 쌓여서 약속으로 취한 것이다.

「예기」에는 "사람이 예가 있으면 편안하고 예가 없으면 위태롭다. 그렇기 때문에 예는 배우지 않을 수 없는 것이다. 무릇 예라는 것은 자기를 낮추고 상대방을 공경하는 마음가짐을 원칙으로 한다."라고 하였다.

예절이란 일정한 생활문화권에서 오랜 생활관습을 통해 하나의 공통된 생활방법으로 정립되어 관습적으로 행해지는 사회 계약적인 생활규범이다.

관습적으로 행해지는 사회 계약적인 예절은 인간으로서의 자기관리와 사회인으로서의 대인 관계를 원만히 하기 위해서 있어야 하는 사회생활의 규범이며 예법이다.

또한 사회생활이란 혼자 살지 않고 남과 어울려 사는 것이고 어울린다는 것은 대인관계를 갖는다는 것이다. 대인관계가 원만하려면 서로 상대방의 생활방법을 이해하든지 아니면 생활방법이 같아야 한다.

대인관계란 사람과 사람의 관계이므로 자기가 먼저 사람다워져야 한다. 각자 자기 나름대로 특별한 개성을 지녀야 하는 것이 아니고 함께 어울리는 당사자로서 모두가 공통적으로 이해되는 방법을 스스로 가져야 한다.

따라서 禮는 자신의 모든 면을 바르게 닦아서, 상대방을 공경하고 인간생활의 도리에 합당하는 행동의 실천이라고 할 수 있으며 격식이 까다롭더라도 정해진 격식대로 하지 않으면 상식에 어긋나는 것이다. 마음속에 내재해 있는 예절의 실제를 언어와 행동의 격식으로 표현해서 상대방에게 인식시킴이 예의 바른 생활인 것이다.

(1) 전통적인 인사

세배할 때나, 문안드릴 때, 조문할 때 또는 상주에게 인사할 때 하는 평절과 폐백이나 회갑연에서 술잔을 올리고 나서 절할 때나 상가에 가서 영전께 절할 때나 제사 때와 같이 특별한 의식 때 하는 큰 절이 있다. 평절과 동일한 방법으로 하지만 절을 한 상태에서 좀 더 오래 머물러 있고 보다 천천히 일어서는 것이 차이점이다.

절의 시작은 두 손을 모으는 것부터 시작된다.

두 손을 앞으로 모아 잡는 것을 공수(拱手)라 하는데 이는 공손한 자세를 나타내며 모든 행동의 시작의 의미이다. 어른을 모실 때와 의식행사에 참석할 때는 반드시 공수(公水)를 해야 한다. 공손한 자세는 어른에게는 공손한 인상을 가질 수 있도록 해야 하고 공손한 자세를 취하는 사람에게도 편안한 자세가 되어야 한다.

- 공수(拱手)는 두 손을 앞으로 모아서 잡는 것을 말한다.
- 공수(拱手)는 남자와 여자의 손 위치가 다르다.
- 공수(拱手)는 평상시(平常時)와 흉사시(凶事時)가 다르다.
- 공수(拱手)는 의식행사에 참석했을 때나 어른을 뵐 때 반드시 한다.
- 공수(拱手)는 배례(拜禮, 절)의 기본동작(基本動作)이다.

(2) 평상시 남자와 여자의 공수 동작

1. 남자의 공수는 왼손을 위로하고 여자는 오른손을 위로하여 두 손을 가지런히 모아서 포갠다.
2. 흉사시 에는 남녀 모두 평상시와 반대로 한다.

(3) 절의 종류와 대상

- **작은절**(초례, 반절) : 웃어른이 아랫사람의 절에 대한 답배時에 한다.
- **보통절**(행례, 평절) : 항렬이 같은 사람, 관직의 품계가 같을 경우에 한다.
- **큰 절**(진례) : 자기가 절을 해도 답배를 하지 않아도 되는 높은 어른에게나 의식행사에서 한다.
- **매우큰절**(배례) : 관, 혼, 상, 제, 수연, 고희 時에 한다.
- **맞절의 요령** : 정중하게 맞절을 할 경우 아랫사람이 하석(下席)에서 먼저 시작해 늦게 일어나고 웃어른이 상석(上席)에서 늦게 시작해 먼저 일어난다.
- **답배의 요령** : 아랫사람이 절을 시작해 무릎을 꿇는 것을 본 다음에 시작해서 아랫사람이 일어나기 전에 끝낸다.
- **절하는 위치** : 혼인례에서의 현구고례 때를 제외하고는 공간이 허용하면 같은 방에서 상하석에 위치해 절한다.
- **절의 재량** : 절의 종류와 횟수는 절을 받을 어른이 시키는 대로 변경하거나 줄일 수 있다.

(4) 절하는 방법

지역과 가문에 따라 절하는 방법이 각기 다르다. 그래서 한국 다도 협회에서는 여러 지방에서 행해지고 있는 절을 종합하여 가장 아름답고 적합한 절을 하고 있다.

절의 기본 5가지

① 양손을 맞잡는다(오른손이 위로 가게 해서 왼손을 가볍게 잡는다).
② 양손을 모아 배 중심에 놓고 바로 모았던 손을 풀어 동작을 취한다.
③ 절의 형태가 다르더라도 팔굽이 구부러지지 않게 한다.
④ 등, 어깨, 고개를 숙일 때 뒷고대가 떨어지지 않게 한다.
⑤ 앉은 자세에서 엉덩이가 들리지 않게 안정감 있게 절을 한다.

큰 절

- 설날 세배 드릴 때
- 회갑이나 고희 잔치에서 절을 올릴 때
- 부모처럼 연세가 높으신 스승께 절을 올릴 때
- 나보다 나이가 15세 이상 많고 항렬도 높은 어른께 절을 올릴 때
- 혼례식, 폐백, 회갑 등 의식 행사 때

큰절을 받을 때 받는 사람이 답배를 하지 않아도 되며, 몸이 편찮아서 누워 있을 때나 진짓상을 받고 있을 때는 절을 하지 않는다.

❶ 남자의 큰절

먼저 차려 자세에서 공수를 하고 앉으면서 두 손을 포개 동시에 방바닥을 짚고, 왼쪽 무릎을 먼저 끓고 오른쪽 무릎을 꿇어 머리가 손등에 닿도록 하여 3초 정도 머리를 조아려 절을 하고, 오른발 왼발을 세우고 일어나서 공수한 다음 다시 손을 내린다. 다시 두 무릎을 꿇고 앉아 팔을 세워 손바닥을 양 무릎 옆으로 바닥에 닿게 하고 인사말을 올린다.

큰절에서는 이마가 손등에 닿고 3초 정도 조아린다는 것이 중요한 것이다.

원래 큰절은 여러 명이 한꺼번에 해도 안 되고 부모님 두 분이 같이 앉아 계신다고 한 번에 절을 끝내는 것도 아니다. 반드시 두 분께 따로따로 절을 올려야 한다. 단, 절을 받는 분이 여러 명이 같이 한 번만 하라고 하면 그렇게 해도 좋다.

[그림 5-4] 남자의 큰 절

❷ 여자의 큰절

서서 자세를 바르게 하고 웃어른을 정면으로 향한 다음 공수한 손을 어깨 겨드랑이가 보이지 않도록 양쪽 팔을 어깨에 수평으로 들어 올린 다음 손과 머리 사이가 손바닥 하나 지날 정도로 띄우며 머리를 약간 숙인다.

오른발을 들어 왼발의 앞으로 하여 왼발 옆으로 놓은 다음 양 발목에 힘을 주며 사뿐히 내려 앉아 허리를 굽히되 저고리의 등이 수평을 이룰 정도까지 굽히고 잠시 3초 정도 머문 다음, 원위치로 하여 곧게 일어서서 공수를 풀어 팔을 내리고 앉는다. 앉을 때는 왼쪽 무릎을 땅에 붙이고, 오른쪽 무릎을 세워 두 손을 오른쪽 무릎 위에 살짝 얹어 놓고, 자리에 앉아 어른을 보고 인사말을 올린다. 큰 절은 시작하여 마칠 때까지 10초 이상이 걸린다.

[그림 5-5] 여성의 큰 절

큰절을 올리고 어른 앞에서 물러날 때는 일어서서 뒤로 세 걸음 정도 물러나 몸을 비스듬히 하여 나온다. 인사하자마자 곧바로 일어서서 몸을 획 돌려 등을 보이지 않도록 해야 한다.

(5) 평절(보통좌례)

평절은 다음의 경우에 행한다.

- 새해 또는 신혼여행 후에 형제간, 동서간, 동항열 간의 맞절 때
- 비슷한 사람끼리의 맞절 때
- 친족이 아닌 10년 이상의 연장자에게 절을 올릴 때
- 계모나 서모께 절을 올릴 때
- 종가일 경우 종손보다 나이가 적은 숙부는 종손과 평절로 맞절한다.

❶ 남자의 평절법

남자의 큰절과 동일하나 큰절은 이마를 손등에 약 3초 정도 조아리고 일어나는 반면, 평절은 이마가 손등에 닿지 않고 조아리지도 않으며 금방 일어서는 것이 큰절과 다르다. 그리고 동항열 간에는 다시 꿇어 앉아 머리를 들고 서로 인사말을 나눈다. 이 때 머리를 숙이지 않아도 된다.

❷ **여자의 평절법**

여자 평절의 방법은 큰절과 같으나 단지 앉아서 허리를 굽힐 때 등을 45도 정도 굽히면 된다. 큰절에서는 3초 정도 멈추었다 일어서지만 평절은 곧바로 일어서는 것이 서로 다른 점이다. 시간은 약 7초 이상이 걸린다. 이 절은 교육부 예절분과위원회에서 합의, 결정된 여성의 평절법이다. 그러나 홍보 부족으로 현재는 잘 사용되지 않고 있다.

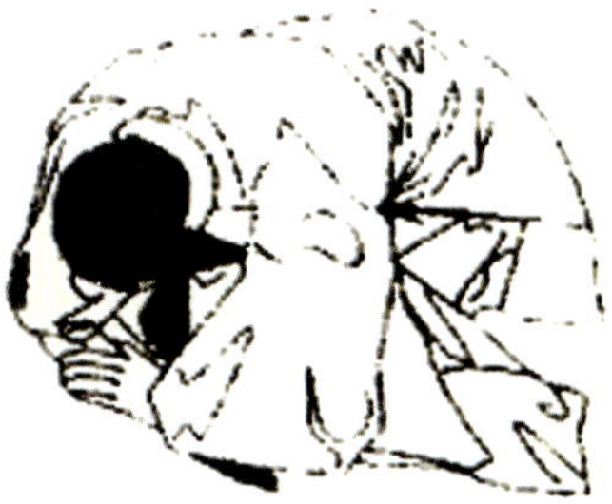

이마가 손등에 닿지 않는다.
(남자의 평절)

45도 정도 굽힌다.
(여자의 평절)

[그림 5-6] 평절 방법

(6) 반 절

손아랫사람이 올리는 절에 대한 답례의 형식이므로 남녀 모두 절을 받을 때 앉은 자세로 손을 양반 다리한 양 무릎 옆으로 짚고 자연스럽게 허리를 약간 굽히며 답례를 하는 절이다. 단, 상대가 무릎을 꿇으면 반절을 시작하고, 상대가 일어서면 몸을 원래대로 하여 반절을 마친다.

절은 다음과 같은 경우에 행한다.

❶ 윗사람이 아랫사람의 절을 받고 답례할 때
❷ 나이 많은 조카가 삼촌께 평절 할 때 나이 적은 삼촌이 조카에게
❸ 손윗사람일지라도 8촌 이내의 10세 차 이내의 비속에게

(7) 양장절

우선 절 받을 어른 앞에 바른 자세로 선다. 두 손은 배꼽 위치에 모아 공수를 하고 예를 표한 후에 다시 손을 자연스럽게 내린다. 그 다음절을 시작하는데 먼저 왼 무릎을 꿇고 그 다음 오른 무릎을 꿇고 앉는다. 두 손은 두 무릎 옆의 방바닥에 손바닥을 살포시 짚고 허리를 굽힌다. 허리를 굽히되 등이 일직선, 즉 수평이 되도록 굽힌다. 등이 수평이 되도록 굽혔을 때 3초 정도 잠시 멈추었다가 허리를 바로 펴서 곧게 하고 그 다음 오른 무릎을 세우고 왼 무릎을 세워서 바른 자세로 일어난다. 일어섰다가 다시 어른 앞에 두 무릎을 꿇고 앉아 조용히 인사말을 올린다. 이때도 역시 큰절, 보통절은 여자의 등이 수평이냐, 45도냐로 구분하면 된다. 절하는 사람이 등을 많이 굽혀 수평이면 큰절이고, 45도 정도면 보통절이다.

양장절은 다음과 같은 경우에 행한다.

❶ 남자가 양복을 입고 큰절이나 보통절을 올릴 때
❷ 여자가 짧은 양장 치마나 바지를 입고 절을 올릴 때

2) 사교 예절로서의 인사

대인 관계에 있어 인사는 만남의 시작이며 상대방에 대한 존경심과 친근감의 표현이다. 밝고 자연스런 인사는 상대방과의 만남에 있어서 첫 인상을 결정짓는 중요한 요소이므로 적극적으로 자신의 정성된 마음을 표현할 수 있도록 해야 한다.

(1) 올바른 인사법

인사에 대한 근본적인 의미는 첫째로 상대방에 대한 불안감을 없애주는 것이고, 둘째는 상대방에 대해 호의를 가지고 있다는 것을 보여주는 것이다. 또한 인사는 단순한 고개짓이 아니라 상대방을 보았을 대 상황에 맞는 인사말과

스마일을 곁들여 바른 자세로 행해야만 한다.

인사말

- 안녕하십니까. 어서 오십시오. – (환영하는 마음) 30˚
- 무엇을 도와 드릴까요. – (봉사하는 마음) 15˚
- 감사합니다. – (감사하는 마음) 45˚
- 죄송합니다. – (반성하는 마음) 45˚
- 안녕히 가십시오. – (재회를 기대하는 마음) 30˚
- 수고 하셨습니다.

인사와 더불어 상황에 맞는 자연스러운 인사말을 구사할 수 있어야한다. 간절하면서도 정성된 마음을 전할 수 있는 함축적인 인사말을 하도록 한다.

[그림 5-7] 인사의 종류

구 분	자 세	용 도
목 례	상체를 5˚ 정도 숙임	차접대시, 자주대할 때 짐을 들었을 때
가벼운 인사	상체를 15˚ 정도 숙임	간단한 인사, 복도, 실내등 좁은 장소, 상사를 두 번 이상 만났을 때
보통 인사	상체를 30˚ 정도 숙임	일반적 인사, 가장 기본이 되는 인사로서 상사, 웃어른에 대한 인사
정중한 인사	상체를 45˚ 정도 숙임	고객 맞이와 배웅, 사과할 때, 감사의 뜻을 전할 때
기 타	악수나 포옹 등이 있음	

(2) 인사의 태도

사람이 평생을 배우고 실천하는 것이 바로 인사이다. 인사하는 태도를 보고 그 사람의 됨됨이를 결정하게 됨으로 신중히 해야 한다.

인사는 관습이다. 따라서 관습에 어긋나면 예가 아니다. 서양 사람들에게 큰 절을 하는 것이나, 중동 사람에게 팔 흔들기 식 인사를 하는 것 등은 오히려 실례를 범하는 것이 된다. 이처럼 인사는 인사를 받는 상대방의 관습에 따른 예에 맞추어서 해야 된다. 또한 경우에 맞지 않는 인사는 인사가 아니고 상대방에게 불쾌감을 주게 된다. 과례는 비례다. 즉 목례로 그쳐도 좋을 때인데도 굳이 45도 인사를 하는 것은 오히려 바보 취급을 받는다. 결례는 무례다. 즉 정중히 인사해야 할 자리에서 경솔하게 인사를 하면 무례가 된다.

(3) 인사의 필요성

인사는 무엇 때문에 하는가? 인사는 상대방의 기분을 좋게 만들기 위해서며, 인간관계를 좋게 하기 위해서다. 인사 때문에 손해를 보는 경우가 있다면 그것은 어느 때인가? 그것은 바로 인사를 받지 않는 사람과 인사를 하지 않는 사람이다. 인사는 누구를 위해서 하는 것인가? 인사는 결국 자기 자신을 위해서 하는 것이다. 인사는 돈들이지 않는 투자이다. 투자 중에서 가장 좋은 투자는 돈이 들지 않는 투자와 사람에 대한 투자라고 할 수 있을 것이다.

인사는 이 두 가지 요건을 모두 만족시키므로 가장 좋은 투자이면서 자기 자신을 상대방에게 인식시키는 것이다. 현대는 신용사회이다. 인사는 상대에게 맨손 쥐고 크나 큰 신용을 얻을 수 있는 좋은 수단이 되는 것이다.

(4) 일상생활에서의 인사

인사를 했는데도 답례가 없거나 소홀하다 하여 불평하지 말자. 인사는 자기 자신을 위한 것이기 때문이다. 따라서 답례가 없거나 소홀하다 하여 인사를 중지하지 말아야 한다. 중지하게 되면 결국 자신에게 피해가 되기 때문이다. 또한 인사는 인사 받기 거북하다는 소리가 들려도 계속해서 인사하는 습관을 들여야 한다. 인사는 자신을 위한 것이라서 인사를 포기한다는 것은 자신의 이익을 포기한 것과 같기 때문이다. 결론적으로 인사는 자신을 위한 것이기 때문에 의도적으로 습관화해야 되는 것이다.

(5) 인사의 습관화

❶ 몰라보는 사람에 대한 인사

몰라보는 사람에 대한 인사는 답례를 바라지 않는 인사이며, 나 자신을 위한 인사이며, 거래선에게는 회사에 대한 신뢰를 증대시키고, 상사에 대한 것은 책임감을 고취시키며, 동료에 대한 경우는 그 회사의 신뢰감과 애사심을 쌓게 한다.

❷ 망설이지 않는 인사

상대방이 "나를 못 알아보겠지", "나를 못 보겠지", "답례를 못 받지나 않을까"하는 이유로 우물쭈물 인사하기를 망설이다가 그냥 지나칠 경우 두 사람 모두 우울해진다. 따라서 망설이지 말고 적극적으로 인사를 할 수 있도록 생활화해야 한다. 옆 사람을 보고하는 인사, 먼 거리에서 하는 인사, 지나치면서 하는 인사, 가벼운 목례, 눈 맞춤을 통해서라도 습관을 가져야 한다.

❸ 늘 하는 인사

인사는 가장 좋은 투자라고 했다. 따라서 하다마는 투자는 역효과만 날뿐이며 아쉬울 때만 하는 인사는 진실한 인사로 평가 받기가 힘들게 된다. 평소에 외면하고 지나던 사람이 어느 날 코가 땅에 닿도록 허리 굽혀 인사를 하면서 부탁을 할 때 과연 진실한 인사로 받아들여지겠는가? 인사는 평소에 잘하여야 효과가 나게 된다.

❹ 마음으로부터 하는 인사

인사는 외향적인 말로만 하거나, 고개만 숙이는 정도로는 곤란하며, 형식 여하를 막론하고 온몸에서 진심으로 그 뜻이 풍겨 나와야 한다.

❺ 아랫사람에 대한 인사

상대가 부하직원이거나 후배일지라도 내가 먼저 보았으면 먼저 인사하는 것이 결국 나의 인격을 높여 주는 것이다. 설령 부하직원이나 후배가 인사를 잘 하지 않아도 먼저 인사를 하게 되면 자연스럽게 상대로부터 인사를 유도할 수 있을 것이다. 또한 부하직원의 인사를 잘 받아 주는 것도 윗사람의 도리이며, 부하 및 후배들로부터 존경 받는 선배가 될 수 있는 길이다.

❻ 인사의 때와 장소

사람이 많이 모인 공공의 장소(극장, 화장실, 목욕탕, 버스 안 등)일 경우에는 가벼운 눈인사로 대신하는 것이 좋다. 큰 소리로 외치게 되면 주위의 시선이 모아지게 되고 상대방을 무안하게 하여 오히려 실례가 되기 때문이다. 이처럼 인사도 때와 장소에 따라 적합하게 해야 한다.

(6) 인사 시 손과 발의 자세

❶ 여 성

- 오른손이 위로 오도록 한다.
- 숙일 때는 손을 자연스럽게 밑으로 내린다.
- 발은 뒤꿈치를 붙인 상태에서 11시 5분 방향으로 벌린다.

❷ 남 성

- 계란을 쥐듯 손을 가볍게 쥐고, 바지 재봉선에 맞춰 내린다.
- 발은 발뒤꿈치를 붙인 상태에서 10시10분 방향으로 벌린다.

(7) 올바른 인사의 기본 동작

- 1단계 : 상대방과 EYE Contact 한 등과 목을 펴고 배를 끌어당기며 허리부터 숙인다.
- 2단계 : 숙인 상태에서 Stop Motion을 취한다.(1초 정도)
- 3단계 : 굽힐 때 보다 천천히 상체를 들어올린다.(2초 정도)

- 4단계 : 상체를 들어올리고, 똑바로 선 후 다시 Eye Contact 한다.

(8) 자연스러운 인사법

정지된 공간이 아닌 실생활에서 행해지는 인사는 자연스러워야 한다. 상대방의 연령, 장소, 시간, 상황에 맞는 자연스러운 인사를 할 수 있도록 해야 한다.

(9) 시간별 인사

- 아침 인사 : 밝고 활기찬 느낌의 인사
- 저녁 인사 : 차분한 느낌
- 만났을 때 : 환영하는 느낌
- 헤어질 때 : 고마움과 아쉬운 느낌의 인사

(10) 인사의 기본

1. 인사는 먼저 할수록 좋다. 인사는 아랫사람(서비스 요원)이 먼저 하는 것이 원칙이다.
2. 인사라는 말에는 '적극적'이라는 뜻이 포함되어 있다. 인사를 한다는 것은 '나는 당신의 적이 아니다'라는 뜻으로 마음을 열고 고객을 위해 최선을 다하고 있다는 뜻을 전달하는 적극적인 행동이다.
3. 감사하는 마음을 어떻게 고객에게 나타낼 수 있을까? 풍요의 시대에는 사람들을 오만하게 만들어 불만은 많아지고 감사의 마음은 쉽사리 우러나오지 않는다.
4. 인사 하나로 회사의 사활이 결정될 수 있다. 고객은 언제, 어느 때 어디서든 보고 있다. 그리고 정성이 담긴 인사에 감동 받게 된다.
5. 차별을 둔 인사는 오히려 고객을 잃는다. 응대는 누구나 회사의 대표자라는 생각으로 해야 하며, 조심해야 할 점은 고객을 차별하지 않아야 된다는 것이다.
6. 인사의 기본은 "안녕하세요."이다. 하루의 시작을 나누는 인사를 깍듯이

할 수 있는 사람은 “감사합니다.”도 부드럽게 말할 수 있는 사람이 된다.

7. 웃는 얼굴을 잊지 말아야 된다. 인사를 할 때는 말이나 태도 외에도 얼굴의 표정도 대단히 중요하다. 말, 태도, 마음과 표정이 일치하는 정성 어린 인사를 해야 한다.
8. 인사말을 생략해서는 곤란하다. 인사말을 생략하면 소극적, 내성적이며 적극적이지 못하다는 인상을 심어 주게 된다. 따라서 부득이한 경우를 제외하고는 당당하고 자신감 넘치는 인사말을 건네면서 인사하는 것이 좋다.
9. T.P.O (Time, Place, Occasion)에 따른 인사를 해야 된다. 인사는 때와 장소, 상황에 적합하게 해야 한다. 국가별 인사방식, 슬픈 장소, 공공장소, 환영장소, 축하장소 등에 따라 법도에 맞는 인사를 해야 한다.
10. 인사는 깊이 구부리면 구부릴수록 오래 구부리면 구부릴수록 정중한 인사가 된다. 따라서 가장 정중한 인사는 엎드려서 큰절을 하는 것이다.
11. 바른 인사법을 꾸준히 훈련하는 것이 인사를 잘하게 되는 지름길이 된다.
12. 기계적이고 가식적이 아닌 마음속으로부터 우러나오는 인사를 해야 된다. 인사기술이 되어 버려서는 곤란하다. 고객은 우리의 정성 어린 마음을 원하고 있다.
13. 인사의 가치는 고객을 감동시켰는가에 있다. 아무리 매너가 지켜진 인사라 해도 상대가 무반응 하거나 불쾌하게 만들었다면 잘못된 인사가 된다.

(11) 앉아서 인사하기

앉은 자세에서는 머리를 너무 숙여서 얼굴 표정이 가려지지 않도록 유의해야 한다. 이런 경우에는 밝은 표정과 환대의 인사말이 허리를 굽히는 인사 동작보다 더 효과적이며 상체를 곧게 펴고 상대방의 눈을 보며 가벼운 목례도 좋은 방법이다.

⑿ 걸을 때 인사

멀리서 상대의 눈이 마주쳤을 경우 가볍게 목례를 한 다음 약 2m 정도 거리까지 다가가 인사를 한다.

⒀ 계단에서의 인사

같은 계단 위치에 왔을 때나 가까운 위치에 이르렀을 때 인사를 나눈다.

사교 매너에 있어 인사성은 짧은 순간에 자신의 이미지를 당당하고 겸손하게 표현함으로서 보다 좋은 이미지를 형성하는데 큰 역할을 한다. 인사는 남을 위해서가 아닌 자신의 삶을 즐겁게 이끌어 갈 수 있는 아주 좋은 방법이며 상황에 맞는 인사법은 국제화 시대에 살고 있는 현대인으로서 알아두어야 할 필수 조건임을 기억해야 한다.

3) 나라별 인사 문화

나라별 인사 문화를 제대로 알아둔다면 현지인과의 접촉 시 결례 없이 좋은 첫 인상을 남길 수 있을 것이다. 특히 사우디아라비아, 이스라엘, 이집트, 쿠웨이트 등에서는 다양한 인사문화가 존재하므로 초면인 경우에는 기다렸다가 상대편이 하는 방식으로 맞추어 하는 것이 현명한 방법이다.

[표 5-3] 나라별 인사 방식

인사 문화	국 가
악수	과테말라, 네덜란드, 노르웨이, 뉴질랜드, 덴마크, 독일, 베네수엘라, 스웨덴, 영국, 체코, 터키, 프랑스
악수, 아부라조(남성간), 볼에 입맞춤(여성간)	그리스, 니카라구아, 멕시코, 벨라루스, 벨지움, 볼리비아, 브라질, 스위스, 아르헨티나, 에콰도르, 엘살바도르, 오스트레일리아, 온두라스, 이탈리아, 칠레, 캐나다, 코스타리카, 콜롬비아, 파나마, 페루, 포르투갈, 폴란드, 헝가리
동성·이성 구별 없이 악수나 포옹, 입맞춤	루마니아, 미국, 스페인, 우루과이, 파라과이
경례, 절, 악수	일본, 중국, 타이완, 한국, 홍콩

4. 비언어적 커뮤니케이션시 유의점

서비스 맨이라면 누군가의 개인적 공간을 우연히 침범하거나 불쾌한 상황을 일으키지 않도록 시간, 거리, 접촉, 눈 맞추기, 색깔의 사용 같은 문제들에 대해 다른 관점과 접근방식을 인식하는 것을 배우도록 한다.

반대로 고객을 괴롭히거나 부정적인 인식을 만드는 메시지들을 전달할 수 있는 습관이나 매너리즘을 인식하고 최소화하도록 노력해야 한다.

다음과 같은 산만하고 불안한 개인적인 습관 등은 부정적 메시지로서 의심과 불확실한 메시지를 전달하거나 어떤 것을 숨기고 있다는 사실을 시사하는 것이다. 이는 고객과의 관계 형성에 방해가 될 수 있다.

- 고객을 만지거나 손으로 때리면서 대화하는 것
- 고객의 옷을 잡아당기는 것
- 자신의 몸을 긁거나 머리카락, 얼굴을 만지면서 말을 하는 것
- 자신의 입술을 물거나 핥는 것
- 자신의 입 근처에 손을 대는 것
- 손가락으로 두드리거나 다른 도구를 이용하여 만지작거리는 것
- 서비스 도중 음식물, 껌을 씹는 것

무심결에 나타나는 버릇 때문에 조직의 가장자리에서만 맴돌거나 인사에 불이익을 당하는 경우가 있다. 앉으면 다리를 떨고, 걸을 때 머리를 숙이고 걷거나, 아무 데서나 침 뱉는 것 등의 행동은 근심이 있거나 세상에 불만이 있는 반항아적인 이미지를 보여 주게 된다.

Part 3

서비스 맨과 이미지 메이킹

Image Making

Chapter 6 서비스 맨의 이해

1. 서비스 맨의 개념

고객서비스는 고객에 대응하는 서비스요원을 필수적으로 요구한다. 서비스요원이란 참여자믹스의 하위믹스라 할 수 있으며, 일반적으로 참여자믹스란 고객의 지각에 영향을 미치는 모든 인간적인 관계자를 의미한다. 이와 같은 참여자믹스의 구성요소로서는 기업의 서비스요원과 기업의 물리적 서비스 환경에서 존재하는 다른 고객들로 대변할 수 있다.

관광산업을 포함한 전통적인 서비스산업이 국가경제에서 차지하는 중요성이 증대하고 상품판매와 관련된 서비스부문의 비중이 증대되면서 서비스 맨은 기업에 대하여 고객이 갖게 되는 이미지를 형성하는데 필수적인 요인이 되었고 기업의 성패를 결정하는 중심적인 역할을 하고 있다.

서비스기업에서는 고객에게 서비스를 제공하는 구성원들 모두가 서비스 요원이 될 수 있으며 고객에게 직접적인 대면을 통하여 서비스를 제공하는 요인과 직접적인 접촉을 통하지 않고 서비스를 제공하는 요원으로 분류될 수 있다. 여기서 말하는 서비스 맨이란 서비스분야에서 고객과 직접적인 접촉을 통하여 서비스를 제공하는 최 일선 종사원을 의미한다. 따라서 이들은 고객과의 접촉 역할뿐만 아니라 서비스기업의 생산역할을 담당하기도 한다.

즉, 서비스 맨이란 기업의 서비스를 고객들에게 직접 제공하는 일선 근로자를 말하며, 이들은 서비스기업의 생산역할을 담당할 뿐만 아니라 고객접촉역할도 담당한다. 고객감동을 위한 친절 서비스의 일선 종사원이 바로 서비스요원이라 할 수 있다. 이같이 고객의 다양한 욕구를 실질적으로 충족시켜주는 업무를 수행하는 최 일선 서비스 맨을 총칭하여 현장접객요원, 현장접객맨(CP : Contact Personnel)이라고 불리기도 한다.

[그림 6-1] 고객과 서비스 맨의 서비스 마인드 관계

2. 서비스 맨의 기본정신

일반적인 사회생활과 조직사회로서 직장생활이 서로 다른 점은 직장에는 나름대로 특유의 규범이 있으며, 공동의 목표를 갖는다는 점이다. 따라서 개개인은 조직의 목표와 규범에 맞추어 자신의 특성을 조화시켜야 하기 때문에 직장사회에서 요구하는 예절은 더욱 엄격하다. 일반적인 예절이 인간으로서의 자기관리와 사회인으로서의 대인관계를 원만히 이루어 나가기 위한 것임과 같이 직장예절은 직장인으로서의 자기관리와 대인관계를 공동의 목표 성취를 위한 방향으로 이루어 나가기 위한 것이다.

모든 예절은 그 마음을 어떻게 갖느냐에서 출발한다. 관광산업에 근무하는 서비스요원은 한 사람 한 사람이 자기직장의 대표가 되는 것이므로 강한 자주정신을 가져야 한다. 따라서 고객의 마음의 문을 열자면 무엇보다 친근한 호감을 주는 표정과 선한 마음가짐을 지니도록 하는 것이 중요하며, 접객 업무를 성실히 수행하기 위한 전문지식의 습득을 위해 노력을 기울여야 한다.

1) 서비스 맨의 마음가짐

모든 서비스 맨이 각기 맡은 바 직무를 성실하게 능률적으로 수행할 때, 사람의 모든 행동이 그의 마음에 따라 이루어지듯이 직장생활 역시 직장인의 마음가짐에 따라 성패가 좌우된다. 마음가짐이란 일에 임하는 가치관을 말한다. 다시 말해 직장생활은 직업관과 깊은 관련을 맺고 있는 것이다. 바람직한 직장생활은 직장인의 올바른 직업관이 정립될 때 이루어지게 된다.

❶ 모든 일에 정성스런 마음을 가져야 한다. 마음을 정성스럽게 가지면 밖으로 나타나는 모든 것이 정성스러워진다.

❷ 모든 것을 사랑하는 어진 마음을 갖는다. 미워하고 사악하면 표정이 일그러지고, 말이 사나워진다.

❸ 모든 일에 공경하고 너그러움을 앞세운다. 공경하면 아름답고, 너그러우면 따르는 이가 많아질 것이다.

❹ 모든 일에 조심하고 삼가는 마음을 갖는다. 조심하면 공손해지고, 삼가면 실수가 적은 법이다.

❺ 욕심을 버리고 사양하는 마음을 가져야 한다. 욕심이 없으면 마음이 편하고, 사양하면 남과 나누어 가질 것이 있다.

❻ 스스로 잘잘못을 가려 부끄러워 할 줄 알아야 한다. 남이 말하기 전에 스스로 규율하는 자율성을 지녀야 한다.

❼ 항상 감사하고 넉넉한 마음을 가져야 한다. 감사하면 풍족하고, 마음이 넉넉하면 부족한 것이 없다.

❽ 믿음을 앞세워 의심을 품지 않는다. 내가 남을 믿으면 남이 나를 의심하지 않는다.

❾ 모든 일을 예절에 맞게 해야겠다는 마음을 간직한다. 마음속에 예를 품으면 밖으로 나타나는 모든 일이 예스럽다.

2) 서비스 맨의 기본정신

(1) 봉사성(Service)

서비스는 환대산업의 주요 상품이므로 식당 및 연회부문 근무자는 고객에게 형식에 치우친 사무적이고 수동적인 서비스를 해서는 안 되며, 항상 마음에서 우러나오는 최상의 친절로 고객서비스에 임해야 한다.

(2) 청결성(Cleanness)

청결성은 공공위생(Public Sanitation)과 개인위생(Private Sanitation)으로 나눌 수 있다. 공공위생은 고객이 이용하는 공공장소와 제반시설 및 집기류 등의 청결상태에 고객이 불편을 느끼지 않도록 깨끗하게 유지해야 한다. 개인위생은 자기 자신의 청결성을 의미하며 철저한 위생관념으로 고객이 신선감과 쾌적함을 느낄 수 있도록 해야 한다.

(3) 능률성(Efficiency)

모든 업무의 능률을 올리기 위해 서비스 맨들은 매사에 적극적이고 능동적인 자세로 일을 수행해야 하며 업무의 흐름을 숙지하여 효과적으로 일을 처리할 수 있도록 기능을 향상시켜야 한다.

(4) 경제성(Economy)

경제성이란 최소의 경비지출로 최대의 영업이익을 얻고자 함을 말한다. 모든 서비스요원은 항상 절약정신과 주인의식을 갖고 직무와 관련하여 운영에 소요되는 고정경비와 변동경비의 지출을 최대한 절감하여 이익증대에 이바지 해야 한다.

(5) 정직성(Honesty)

정직성은 인간의 근본정신 중 가장 참된 것이라 할 수 있으며, 서비스요원으로서의 정직한 행동은 고객들에게 신뢰감을 갖게 하여 회사의 명예와 지속적인 영업신장에 크게 기여하게 된다.

(6) 환대성(Courtesy & Hospitality)

서비스는 환대정신이 가장 중요하므로 서비스 맨은 정중하고 반가운 태도로 고객을 맞이하고 항상 즐거운 마음으로 고객을 대해야 한다. 이것은 서비스 맨으로서의 사명이기도 하다.

3) 서비스 맨의 정신자세

(1) 고객의 말에 귀를 기울여라

사람과의 상담의 비결에 대해서 찰스 W. 엘리오트 박사는 이렇게 말하고 있다. "상담에는 별다른 비결 같은 것은 없다. 다만, 상대의 이야기에 귀를 기울이는 것이 중요하다. 어떤 아첨도 이보다 더 많은 효과는 없다"고 말한 바 있다. 이는 바로 상대방의 말에 대해서 들어주는 것만으로도 이미 상담이 되고 좋은 결과를 가져올 수 있다는 의미이다.

호텔이나 여행사에서 근무하다 보면 매일 수많은 고객과 대화를 하는 경우가 많다. 이때 고객이 하는 말에 대해서 신중하게 들어주는 것은 서비스 맨의 자세에 매우 중요하다고 할 수 있다.

(2) 칭찬하라

서비스 맨은 무엇보다도 고객의 비위를 맞추는 것이 중요하다. 고객 중에는 자신에 대해 은근히 자랑하려는 성격을 갖고 있는 고객이 있다. 이때 서비스 맨은 아무 말 없이 그저 듣기만 하면 안 된다. 즉석에서 고객을 칭찬할 수 있는 습관을 가져야 한다. 서비스 맨은 적당한 센스와 눈치도 있어야 한다.

(3) 항상 긍정적인 태도를 취하라

우리 호텔의 기업이념은 돈 이상의 가치가 있다는 사고방식을 고객에게 이해시켜야 한다. 그러기 위해서는 무엇보다 고객을 대하는 자세에 있어서 항상 긍정적인 태도를 취하도록 노력해야 한다. 고객과는 절대 분쟁을 일으키지 않으면서 고객의 요구에 무엇이든지 응하는 태도가 중요하다. 고객이 "객실이 덥다" 전화로 하면 항상 대답도 "즉시 객실을 바꾸어 드리겠습니다."라고 하는 Yes의 대답이 필요한 것이다.

(4) 스마일이 아니라 시스템 정신을 길러라

아마도 고객서비스의 기본은 "안녕하십니까?", "어서 오십시오", "감사 합니다", "네"와 같은 상투적인 언어를 사용하는 것이 서비스의 기본이라고 생각할 것이다. 물론 접객용어로서 훌륭한 언어라고 할 수 있지만, 분명한 것은 이러한 서비스는 아주 작은 서비스에 불과하다. 훌륭한 서비스라고 하는 것은 한 번에 정확하게 일을 완성하는 것과 잘되지 않았을 때 대응할 수 있는 적절한 시스템을 갖는 것 두 가지 부문으로 설명할 수 있다.

단지 앵무새 흉내만 내는 접객서비스 태도보다는 훌륭한 서비스를 제공할 수 있는 시스템을 갖출 수 있는 정신자세가 필요하다.

(5) J. 칼슨의 정신을 본 받아라

J. 칼슨은 1981년 스칸디나비아 항공사의 사장으로 임명된 사람이다. 그는 처음 고객과 만나는 15초 동안이 가장 중요하다고 생각한 사람으로 고객서비스의 귀재라고 할 수 있다. 그는 매일 고객과 만나는 일선의 종사원에게 진실된 순간이라고 할 수 있는 15초의 짧은 시간에 아이디어, 방법, 대책을 강구할 수 있는 책임과 권한을 위임해야 한다고 하였다. 15초 동안에 자신의 기업을 선택한 고객이 정말로 선택을 잘했다는 사실을 고객에게 입증시켜야 할 소중한 시간이라고 하였다. 1986년 1,000만 명의 여행객이 각각 5명의 스칸디나비아 항공사 사선과 접촉을 했다. 1회의 응대시간이 평균 15초였다. 따라서 1년

15초로 1년간에 5,000만 번의 '진실 된 순간'이 결국 스칸디나비아 항공사의 성공을 좌우한다. 그 순간이야말로 고객들에게 스칸디나비아 항공사를 택한 것이 가장 좋은 선택이었다는 사실을 입증시켜야 할 때인 것이다.

(6) 고객의 이름을 기억하라

엔드루 카네기의 성공비결은 무엇인가?

카네기는 강철왕이라고 불리고 있지만, 그 자신은 강철에 대해서는 거의 백지였다. 강철왕보다 훨씬 강철에 대해 많은 것을 알고 있는 수백 명의 부하를 거느리고 있는 것이었다. 그리고 그는 부하들을 다루는 방법을 알고 있었다. 그것이 그를 부자로 만든 요소이다.

그는 어릴 때부터 사람들을 조직하고 통솔하는 재능을 가지고 있었다. 일찍이 열 살 때에 인간은 자신의 이름에 대해 굉장히 관심을 가지는 것임을 발견했고, 그 발견을 이용하여 남의 협력을 얻곤 했다. 그의 어릴 때의 경험 중 한 이야기로, 그가 스코틀랜드에서 살고 있었던 소년시절 때이다. 어느 날 토끼 한 마리를 잡았는데, 그 토끼는 새끼를 배고 있었다. 때문에 그의 토끼장은 새끼토끼로 하나 가득 차게 되었지만, 토끼들에게 먹일 먹이가 부족했다. 그러나 그에게는 멋진 생각이 있었다. 이웃 아이들에게 토끼풀을 많이 뜯어오면 그 아이의 이름을 새끼토끼에게 붙여주겠다고 말한 것이다. 이를 사업에 응용하여 대단한 부를 축적할 수 있었다.

바로 엔드루 카네기에서 보는 관광기업에서는 매일 수많은 고객과 접촉을 한다. 물론 이 수많은 고객의 이름을 다 기억한다는 것은 무척 어려운 일이다. 그러나 자주 자신의 호텔을 이용하는 고객이라면 반드시 서비스요원의 기본자세로서 상대방 즉 고객의 이름을 암기하여 고객이 기분 좋은 분위기에서 쉬고 갈 수 있도록 하여야 한다. 서비스는 바로 고객의 이름은 기억하는 작은 일부터 시작하여야 한다.

(7) 철저한 현장중심의 경영을 실천하라

'메리어트의 서비스정신'이라는 책에는 다음과 같이 알려져 있다.

"매년 15만 마일씩 비행하며 각지에 있는 메리어트 호텔들을 방문하느라 길에서 보내는 시간들이 나에게는 더할 나위 없이 소중하다. 그러한 방문은 '대기업은 얼굴 없는 기계와 같다'는 생각을 정면으로 부정하게 해주었는데 그것이 특히 내게는 중요했다. 만약 지금 당신이 자신의 이름을 문에 걸고서 서비스사업을 하고 있다면 직원들로 하여금 당신의 얼굴과 이름을 연결 지어 생각할 수 있도록 하는 것이 무엇보다 중요하다. 비록 자주 방문해서 개인적으로는 상담해줄 수는 없을지라도 우리 직원들에게 자신들은 생각해주는 메리어트라는 사람이 정말로 이 세상에 존재하고 있다는 것을 깨닫게 해주고 싶다"라고 쓰여 있는데, 메리어트는 서비스를 실천하기 위해서는 철저한 현장중심의 경영을 실천하지 않으면 안 된다고 하였다. 직접 보고 느끼고 문제점을 찾아내어 서비스 제공자가 이해를 하지 않으면 절대로 고객을 만족시킬 수가 없다는 것이다.

3. 서비스 맨의 역할

서비스라면 대부분 호텔이나 항공사, 레스토랑 등의 직업에 국한되어 그 방면에 종사하는 직업인을 서비스 맨이라고 칭해 왔다. 그러나 실제로 오늘날 어느 누구도 '모든 직업이 서비스업'이라고 하는데 부정할 사람을 아마 없을 것이다. 이들 모두가 고객을 상대로 고객만족을 위해 서비스하는 '서비스 맨'인 것이다.

1) 서비스 주체가 된다

서비스는 인적 서비스, 물적 서비스, 시스템적 서비스로 분류할 수 있다. 인적 서비스는 소프트적인 측면으로 서비스 맨의 표정, 언행, 자세, 인사, 친절성,

감정이입성 등을 나타내고 물적 서비스는 제품, 제공되는 음식, 좌석 등 일련의 가격화 할 수 있는 일종의 물리적 증거로 설명될 수 있으며 시스템적 서비스는 최근 급부상된 포인트 제도, 정보 기술 등이 포함되는 하드적 서비스를 의미한다.

과거 대부분 기업들은 서비스 정책에 있어서 물리적인 측면을 강조하며 근무규정이나 방법, 정해진 규칙 등을 중요시하는 경향이었으나, 최근 들어 서비스 맨의 그 중요성이 부각되면서 서비스 종업원에 대한 권한위임이나 서비스 맨의 마인드, 태도 등에 대해서도 강조되고 있다. 물론 서비스 없이 고객만족을 기대하기 힘든 것이 사실이다. 그러나 고객의 만족, 불만족 등 사후 행동을 살펴보면 인적 서비스 위주의 의견이 대다수이다. 즉 진정한 서비스는 인적 서비스가 제 가치를 발휘할 때 그 진가가 나타나는 것이다. 그러므로 서비스에 대한 고객만족의 여부는 하드웨어적 측면과 인적서비스와 같은 측면의 조화 속에서 가치 있는 인적서비스가 수행되어질 수 있는 것이다. 서비스가 고객과의 상호작용의 특성을 가진다고 볼때 서비스 맨의 적극적인 서비스 제공은 고객만족을 이끌어내는 주안점이라고 볼 수 있으며 모든 서비스의 성공여부는 서비스 맨에게 달려있다고 볼 수 있다.

2) 고객에게 편익을 제공해야 한다

고객편익은 고객들이 제품 및 서비스를 구입해서 얻고자 하는 궁극적인 것이다. 고객들이 화폐를 지불하고 제공받는 상품(제품이나 서비스)은 고객관점에서 살펴볼 때, 편익이 된다. 서비스 맨은 단순히 화폐가치에 상응하는 상품에 국한된 제공이 되어서는 안 되며 아름다움, 즐거움, 상징성, 가치성, 신뢰 같은 편익을 고객에게 제공해야만 한다.

즉 새로운 서비스 맨의 역할은 고객에게 '상품'이 아닌 '서비스'를 팔아야 하는 일이다. 평범한 서비스, 상품만이 전달되는 서비스는 더 이상 고객의 발길을 붙들지 못하기 때문이다. 최근 성숙시장에서의 기존 고객유지의 중요성을 살펴볼 때 서비스 맨의 역할은 매우 중요하다. 만일 내가 고객이라면 무엇을,

어떻게 원할 것인지를 생각해 보라. 그 다음에 고객서비스를 제공하는 것을 잊지 마라.

3) 고객과 특별한 관계를 형성해야 한다

서비스 맨은 고객과 많은 시간을 갖고 고객이 감지하는 일정한 서비스를 형성하게되며, 그 태도와 행동 여하에 따라 고객의 만족도가 결정된다. 서비스의 질적 수준이나 고객 만족도가 서비스 맨의 손에 달려 있음을 여러 번 강조해도 지나치지 않을 것이다.

서비스 형성에 있어서 일선 접점 직원과 고객 사이에는 심리적으로 밀착관계에 있다. 서비스의 질적 수준면에서 서비스 맨이 생각하는 것과 고객이 생각하는 것과는 차이가 있게 되는데 이러한 차이를 고객과 서비스 맨 사이에 강력한 유대관계로 좁혀나가고 해소할 수 있다.

고객과 서비스 맨은 서로 대화를 나눌 수 있을 정도로 어느 누구보다도 가까운 사이에 있으며 고객의 의견, 생각 드리고 감정 등은 서비스 맨을 통하여 전달된다. 고객이 서비스 맨에게 제공하는 각종 정보의 양은 더 나는 서비스를 위한 유용한 자료가 되기도 한다.

성공적인 서비스 맨들은 단골고객을 챙겨주는 것에도 인색하지 않다. 문자메시지를 보내기도 하고 축하전화도 하여 돈독한 관계 유지를 힘을 기울인다. 더욱이 놀라운 사실은 고객관계에서도 보상을 해주는 것은 물론이거니와 평소 인간관계에서도 상대방에게 먼저 베푸는 것에 익숙하다. 이 때 보상을 받은 사람을 계속적으로 좋은 행동을 보여주기 위한 가능성이 증가하는데, 이를 정적 강화라고 한다. 정적 강화는 상대방의 심리를 잘 알 수 있는 인간관계의 필수 도구이다.

4. 서비스 맨의 몸가짐

꾸밈이 없는 진실한 몸가짐은 그 사람의 얼굴 표정이나 몸매에서 나타난다고 한다. 고객에 대한 서비스의 시작도 바른 몸가짐에서부터라고 할 수 있다. 몸가짐은 표정·마음·자세·옷차림이 복합적으로 형상화되어 그것이 정지되고 움직임에 있어서 어떻게 하는 것인가를 말하는 것이다. 몸을 정결하게 하고 옷맵시를 깔끔하게 했더라도 몸가짐과 기거동작이 예의범절에 어긋나면 아무런 가치가 없다. 몸가짐은 행동예절의 기초가 된다. 따라서 평소에 곧고 바르고 공손하게 버릇해야 남들 앞에서도 예의바르게 행해진다.

우리는 가끔 처음 만난 사람에게서 호감을 느끼는 때가 있다. 그런 경우를 첫인상이 좋다고들 한다. 첫인상은 사람들의 뇌리에 오랫동안 남게 된다. 처음 만난 사람이라도 단정한 용모와 깔끔한 복장을 하고 있으면 왠지 모르게 신뢰가 간다. 그러나 옷이 구겨지거나 너저분한 사람, 용모가 단정하지 못한 사람을 만나면 자신이 무시당하고 있는 기분이 들어 불쾌해진다. 옷차림과 몸치장으로 사람을 판단하는 것은 자칫 선입견에 좌우될 수 있다. 그러나 옷차림과 몸치장이 의사표시의 하나이기 때문에 우리는 그 사람의 용모에서 직장·생활·환경·성격·취미·교양을 엿볼 수 있다.

따라서 일상생활에서나 직장생활에서 옷차림과 몸치장에 주의한다는 것은 단순히 멋을 부린다는 것이 아니라 품위를 갖춘다는 말이기도 하다. 직장에서의 복장은 자신의 품위와 기업의 이미지를 아울러 나타내므로 장소와 때를 구분하여 선택해 입는 것이 직장인의 복장매너이다. 단정하고 청결하게 옷차림을 갖추는 것은 물론, 기업의 분위기를 흐리지 않는 선에서 기능과 색상의 조화 등에 신경을 써야 한다. '예절은 사람이 만든다.'는 말과 같이 평소에 올바른 몸가짐이 몸에 배이면 서비스 현장에서도 신선미를 지닌, 기대에 어긋나지 않는 훌륭한 서비스요원으로 성장해 나갈 수 있을 것이다.

1) 여성의 몸가짐

(1) 머 리

❶ 흐트러져 있지 않도록 한다.
❷ 롱헤어는 헤어 빗이나 핀을 사용하여 단정히 올린다.
❸ 헤어 리본은 어두운 색을 사용한다.
❹ 생머리는 컷을 하든지 차분한 파마를 하여 단정히 한다.
❺ 지나치게 유행을 따르는 헤어스타일은 삼간다.

(2) 화 장

❶ 야하거나 화려하지 않도록 한다.
❷ 건강하게 보이도록 한다.
❸ 입술은 natural 혹은 붉은 색을 약하게 사용한다.
❹ Eye Shadow, Eye Line은 진하지 않게 하며, 속눈썹은 붙이지 않는다.
❺ 식사 후에도 이를 항상 닦아 불쾌감을 주지 않도록 한다.
❻ 너무 진한 화장은 고객에게 혐오감을 준다.
❼ 향수는 지나치게 많이 뿌려 상대방에게 불쾌감을 주는 일이 없도록 귀밑이나 손목 등에만 살짝 뿌리고, 가급적이면 진한 향은 피하고 은은하고 무난한 것을 사용한다.

(3) 유니폼

❶ 깨끗하게 세탁하여 다려 입어야 한다.
❷ 어깨에 비듬 · 머리털은 묻어 있지 않아야 한다.
❸ 단추 · 실밥 터진 곳이 없도록 한다.
❹ 원피스의 칼라는 청결하고 잘 다린 것으로 착용한다.
❺ 원피스의 단추는 전부 같은 것으로 사용하고, 떨어진 곳이 없도록 한다.
❻ 원피스의 포켓에는 볼펜 이외의 것은 넣지 않도록 한다.

7. 속옷은 희고 청결한 것으로 한다.
8. 허리띠의 끈이나 블라우스는 치마 속에 넣어 나오지 않도록 한다.
9. 옷의 찢어진 곳, 뜯어진 부분은 즉시 수선하도록 한다.
10. 원피스는 길지도 짧지도 않게 적당한 길이로 착용한다.
11. 허리띠의 끈 매는 끈이 풀어지지 않도록 꼭 조여서 맨다.
12. 허리띠를 약간 밑으로 매어 가슴부분이 너무 노출되지 않도록 한다.
13. 항상 유니폼의 주름과 멋을 보존하기 위해 행거에 걸어 놓고, 가끔 다림질을 해 놓는다.
14. 앞치마는 깨끗하게 다림질하여 입고, 뒤틀려지지 않도록 한다.

(4) 명 찰

1. 정해진 위치에 달아야 한다.
2. 비뚤어져 있지 않도록 한다.
3. 왼쪽 가슴부분에 착용하도록 한다.

(5) 손과 손톱

1. 손은 항상 깨끗하게 씻는다.
2. 매니큐어는 자연스러워야 한다.
3. 손톱은 항상 짧게 깎고, 매니큐어는 투명한 색에 가까운 것을 사용한다.

(6) 액세서리

1. 요란스러운 것은 피한다.
2. 귀고리와 목걸이는 크고 화려한 것은 삼가고, 간결한 것으로 한다.
3. 반지는 1개 이상 끼지 않는다.
4. 팔찌는 하지 않는 것이 좋다.
5. 머리핀과 헤어밴드는 수수한 디자인으로 검정, 짙은 밤색, 곤색으로 한다.
6. 지나치게 고가의 시계나 장신구의 착용은 하지 않는다.

❼ 핸드백은 지나치게 호사하지 않은 것이 좋으며 깨끗이 손질되어 있어야 한다. 또한 복장과 자기의 체형에 어울리게 선택하는 것이 좋다.

(7) 양 말

❶ 매일 갈아 신도록 한다.
❷ 흘러내리지 않도록 한다.
❸ 색은 야하지 않도록 한다.
❹ 스타킹은 무늬가 없는 커피색 계통으로 착용한다.
❺ 덧신은 매일 세탁하여 백색으로 착용한다.

(8) 구 두

❶ 항상 깨끗이 닦도록 한다.
❷ 색 · 모양 등이 야하지 않도록 한다.
❸ 여자 샌들은 같은 모양으로 통일하여야 하며, 절대로 실내에서 꺾어 신으면 안 된다.

[표 6-1] 용모와 복장 체크리스트(여자)

머 리	복 장
• 청결하고 손질은 잘 되어 있는가? • 일하기 불편하지 않은 머리 스타일인가? • 머리 장식이 너무 눈에 띄지 않는가? • 머리가 눈을 가리지 않는가? • 냄새가 나지 않는가?	• 다림질은 잘 되어 있는가? • 얼룩은 없는가? • 스커트의 단처리는 깔끔한가? • 근무하기에 불편하지 않은 복장인가? • 지나치게 짧은 스커트가 아닌가? • 화려한 색상이 아닌가?
화 장	**구 두**
• 청결하고 건강한 느낌을 주는가? • 화장이 흐트러지지 않았는가? • 화장이 너무 짙지 않은가? • 아이섀도우나 속눈썹을 하지 않았는가?	• 구두가 잘 닦여져 있는가? • 모양이 틀어져 있지 않은가? • 뒤축이 벗겨지거나 닳아 있지는 않은가? • 구겨 신지는 않는가?

손	액세서리
• 손톱의 길이는 적당한가? • 매니큐어 색이 눈에 띌 정도가 아닌가? • 스타킹 올이 늘어진 곳은 없는가? • 예비 스타킹을 가지고 있는가?	• 액세서리가 지나치게 화려한 것이 아닌가? • 일에 방해가 되는 액세서리가 아닌가?

2) 남성의 몸가짐

(1) 복 장

❶ 지나치게 유행에 집착하는 것은 좋지 않다. 기업의 사풍을 손상시키지 않는 범위에서 기능적이고 품위 있는 사무용 정장(Business Suit)을 입는다.

❷ 검은색이나 감색을 기본으로 하여 자신의 체형과 피부에 어울리는 것을 선택해서 입는다. 화려한 원색은 피하며, 재질이 유난스러운 것이라든가 너무 눈에 띄는 디자인도 삼가도록 한다.

❸ 바지는 줄이 잘 서 있어야 한다.

❹ 바지의 길이는 서 있을 때 단이 구두 등에 가볍게 닿는 정도가 좋으며, 소매길이는 손등 위로 알맞게 얹힐 정도로 한다.

❺ 양복을 오래도록 입는 비결은 같은 옷을 매일 입지 말고 두세 벌을 준비하여 번갈아 입는 것이다.

(2) 와이셔츠

❶ 비즈니스 정장에는 흰색이 기본이다. 와이셔츠란 드레스 셔츠(Dress Shirt)를 일컫는 것으로, 사이즈는 목둘레와 소매를 측정하는데 목 부분과 손목부분이 1~1.5cm 정도 보이도록 하여 재는 것이 올바른 방법이다.

❷ 상의 뒤쪽 깃으로부터 1cm 정도 나오게 한다. 단정하게 보일뿐만 아니라 상의의 깃을 더럽히지 않기 위해서다.

❸ 넥타이로 목 언저리를 꼭 매고, 깃을 V자형으로 만들면 늠름함이 강조된다.

(3) 넥타이

❶ 넥타이를 맨 길이는 벨트의 버클을 약간 덮는 정도가 적당하다. 이보다 짧으면 여유가 없어 보이고 길면 느슨한 느낌을 준다. 넥타이의 길이가 적당한가 살필 때에는 내려다보지 말고 거울에 비춰 보는 것이 정확하다.

❷ 넥타이의 폭은 상의의 깃과 폭이 같은 것으로 선택하는 것이 좋다. 깃이 넓은 넥타이는 매듭 밑에 움푹한 주름을 만들어 주어 악센트를 주는 것이 맵시 있다.

❸ 넥타이의 색깔은 양복과 동일 색이 무난하며, 보색계통으로 조화를 이룬다면 화려한 매치가 된다. 자주색계통 넥타이는 활기 있고 적극적이며 믿음직스러운 인상을 준다.

❹ 조끼를 입을 때에는 넥타이가 조끼 밑으로 나와서는 안 된다.

❺ 넥타이핀은 장식용인 경우 같은 색이나 흰색 진주가 좋다. 조끼를 입지 않았을 때 하는 클립식 넥타이핀은 금색으로 단순한 형태의 것이 좋다.

〈넥타이 매는 방법〉

플래인 노트(Plain Knot)

- 가장 기본적인 넥타이 매는 방법으로 넥타이를 뒤로 돌려 앞에서 오른쪽으로 돌려 감아 끼워 내린다.
- 매듭부에서 짧게 감기므로, 넥타이를 간단히 맬 때나 길게 맬 수 있어서 키가 큰 사람에게 권할 수 있다.
- 포인트 : 역삼각형 매듭 아래로 내려오는 큰 날의 시작부분을 자연스럽게 처리한다.

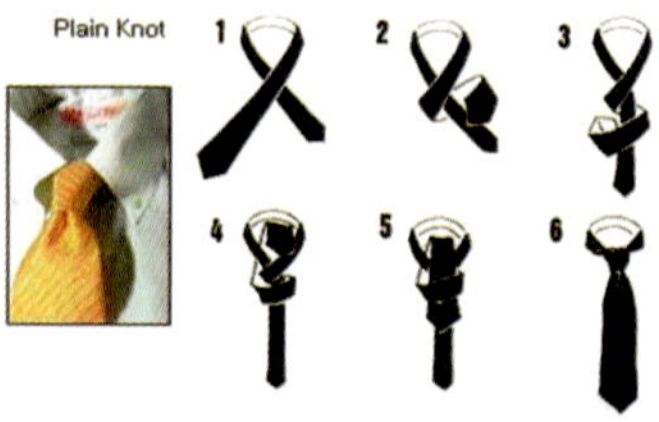

윈저 노트(Windsor Knot)

- 넥타이를 단단하고 두껍게 착용할 수 있는 방법으로 넥타이를 뒤로하여 오른쪽 목끈에 돌려 감는다.
- 뒤로 돌리면서 왼쪽 목끈에 돌려 감아 앞에서 오른쪽으로 돌려 끼워 내린다.
- 매듭 자체가 너무 커지면 품위가 떨어지므로 두꺼운 원단의 넥타이를 매는 것은 피하는 것이 좋다.

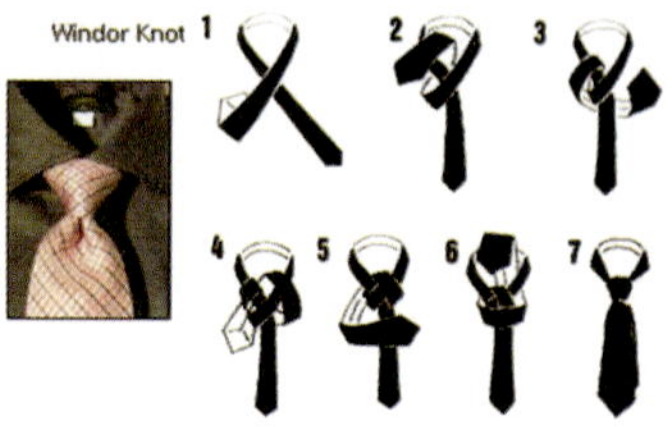

크로스 노트(Cross Knot)

- 격조 높고 중후한 분위기를 선호는 유럽 신사들이 애용하는 방법이다.
- 두꺼운 감의 타이는 피해야 하며, 무늬가 없는 부드러운 실크 타이가 자연스러운 매듭을 연출할 수 있다.
- 와이드 칼라 셔츠나 깃을 높이 세운 드레스 셔츠에 연출하면 그 중후함이 한껏 강조된다.

더블 노트(Double Knot)

- 좁은 넥타이의 매듭에 플레인 노트보다 좀 더 큰 볼륨감을 주고 싶을 때나 부드럽고 힘이 없는 넥타이를 멋진 모양으로 묶고 싶을 때 시도해 볼만한 방법으로, 플레인 노트의 경우보다 대검을 한 번 더 돌려 두 번째 매듭이 보이도록 매는 것이 포인트이다.
- 약간 좁은 듯한 롱 칼라 셔츠에 잘 어울리며 개성적인 모습으로 자신을 연출하고 싶을 때 적합한 매듭법이다.

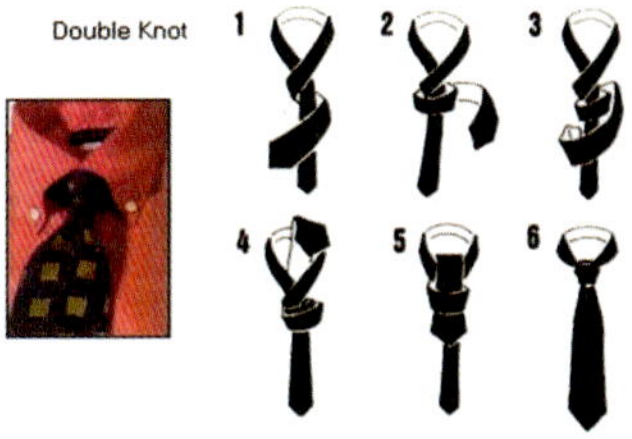

블라인드 폴드 노트(Blind fold Knot)

- 파티 등의 공식적인 석상에서 멋스럽게 연출하면 효과적인 매듭법이다.
- 스포티한 복장에 어울리지 않으며 비즈니스 슈트와 잘 어울린다. 너무 넓은 타이는 이 방법에 사용하지 않는 것이 좋다.

[표 6-2] 넥타이의 종류

종 류	특 징
스트라이트	군기의 모습을 딴 것으로 일반적으로 가장 많이 맨다.
레지맨틀	보통 2~3색을 이용한 줄무늬 넥타이로 영국 연대기의 줄무늬를 디자인한 것이다.
로열크레스트	스트라이프 무늬가 들어가 있다.
크레스트	클럽타이라고도 부르며, 규칙적인 문양이 들어가 있다.
플 랫	잔무늬의 넥타이이다.
도 트	물방울무늬 넥타이이며, 물방울 크기에 따라 분위기가 완전히 달라진다.
페리즐리	아메바 무늬라고도 하는 다채롭고 복잡한 무늬이다.
솔리드	단색의 무늬 없는 넥타이로서 주로 공식석상 같은 품위 있는 모임에 어울린다.

자료 : 김왕상, 「관광서비스경영론」.

(4) 구 두

구두는 이내 더러움을 타므로 각별히 신경을 써야 한다. 남자의 깔끔함은 구두로 나타난다는 말도 있으므로 늘 광택이 잘 나도록 닦아 신도록 한다. 출근하고 나서 슬리퍼로 바꾸어 신기도 하는데, 경우에 따라서는 자칫 눈에 거슬러 보이기 쉽다. 특히 잠시라도 회사 밖으로 나갈 때에는 반드시 구두로 갈아 신도록 한다.

❶ 구두는 발에 부담을 주지 않는 것을 우선적으로 선택한다.
❷ 구두의 색깔은 양복색깔과 맞추는 것이 좋다. 검정색이나 짙은 갈색이 일반적이다.
❸ 직장에서 캐주얼화는 가능하면 피한다.
❹ 구두는 두 켤레 이상 준비해 신는 것이 세련되게 오래 신는다.

(5) 양 말

❶ 양말은 색상에 특히 신경을 써야 한다.
❷ 바지나 구두의 색상과 같은 계통의 양말을 신는 것이 좋으며 검은색이 가장 무난하다.
❸ 정장에 흰색 양말은 절대 금물이다.
❹ 목이 짧은 양말은 품위를 떨어뜨리게 된다.
❺ 앉은 자세에서 다리 살이 드러나서는 안 된다.

(6) 벨 트

❶ 양복과 어울리는 색상의 벨트를 착용한다.
❷ 특정회사의 로고가 두드러진 것은 품위를 손상시키므로 지나치게 폭이 넓거나 버클 모양이 요란한 것은 피한다.

(7) 머 리

❶ 앞머리는 이마를 가리지 않도록 한다.
❷ 옆머리는 귀를 덮지 않도록 한다.
❸ 뒷머리는 와이셔츠 깃을 덮지 않도록 한다.
❹ 자주 빗질하여 단정한 머리 모양을 유지한다.

(8) 얼 굴

❶ 수염이 길어서는 안 되며, 매일 아침 깨끗이 면도를 한다.
❷ 코털이 자라나 밖으로 보이지 않도록 자주 잘라야 한다.
❸ 구레나룻은 귀 이하로 내려오지 않도록 한다.
❹ 얼굴에는 상처가 없어야 하며, 반창고를 붙이고 영업장에 나가서는 안 된다.
❺ 지나치게 햇볕에 그을리거나 동상에 걸리지 않도록 유의한다.
❻ 향취가 너무 강한 로션이나 화장품은 사용하지 않는다.
❼ 밝은 얼굴을 한다.

(9) 손과 손톱

❶ 일을 하다보면 잉크나 인주 등이 묻어 손이 더러워지기도 하는데, 그때마다 씻어 항상 청결을 유지한다.
❷ 손톱을 짧게 깎는다.
❸ 손톱 밑의 때나 새끼손가락의 손톱을 기르는 것은 상대방에게 불쾌감을 주므로 금한다.

(10) 기 타

❶ 식사 후에는 반드시 이를 닦아야 하며, 입 냄새가 나지 않도록 적절한 조치를 취해야 한다.
❷ 영업장 근무자의 경우 근무 전에는 냄새가 강한 음식을 먹지 말아야 한다.

❸ 흡연 후 서비스를 할 경우에는 반드시 양치질을 한다.

❹ 여름에는 반드시 샤워를 하고 근무에 임하고, 평소에도 목욕을 자주하여 몸에서 냄새가 나지 않도록 한다.

❺ 지나치게 강한 냄새의 향수사용은 삼간다.

[표 6-3] 용모와 복장 체크리스트(남자)

● 머리 - 머리가 길지 않는가? - 잠에서 갓 일어난 흔적은 없는가? - 비듬은 없는가? ● 얼굴 - 수염·코털이 자라 있지 않은가? - 이는 깨끗하고, 입 냄새는 나지 않는가? - 눈이 충혈 되어 있거나 안경은 더럽지 않은가? ● 복장 - 양복 다림질이 잘 되어 있는가? - 바지의 무릎이 나와 있지 않은가? - 주머니가 불룩 나오게 물건을 넣지 않았나? - 단추가 제대로 달려 있는가? - 드레스 셔츠 칼라나 소매부분이 더럽지 않은가? - 단추가 풀어져 있지 않은가? - 색상·무늬는 적당한가? - 다림질은 잘 되어 있는가?	● 넥타이 - 삐뚤어져 있거나 풀어져 있지 않은가? - 때·얼룩·구김은 없는가? - 양복과 어울리는가? - 길이가 적당한가? ● 양말 - 냄새가 나지 않는가? - 화려한 색상이나 무늬가 아닌가? ● 손 - 더러워져 있지 않은가? - 손톱은 길지 않은가? ● 구두 - 잘 닦여져 있는가? - 굽이 많이 닳지 않았는가? - 형태와 색상이 직장에 어울리는가? ● 명함지갑 - 명함은 지갑에 들어 있고 매수는 적당한가?

Chapter 7 서비스 맨의 자세와 동작

1. 서비스 맨의 아름다운 자세

1) 서비스 맨의 업무 시 기본자세

(1) 위생관념을 갖고 청결히 한다

- 종업원은 정기적으로 신체검사를 받는다.
- 기물은 위생적으로 관리한다.
- 음식물 관리는 계절의 변화도 함께 고려한다.

(2) 주문은 정확하게 받는다

- 메뉴에 기준해서 주문을 받는다.
- 잘못 받은 주문은 고객에게 불쾌감을 줄 뿐만 아니라 원가절감에도 영향을 미치므로 각별히 주의를 요한다.

(3) 신속하고 친절하게 서비스를 한다

- 고객을 오랫동안 기다리게 해서는 안 된다.
- 고객이 업장을 떠날 때까지 관심과 친절로써 서비스를 한다.

(4) 풍부한 상품지식을 지닌다

- 요리의 재료와 조리법을 철저히 연구한다.
- 연구를 바탕으로 한 상품지식의 습득은 정확한 서비스를 가능하게 한다.

(5) 기술적인 서비스를 한다

- 바른 자세, 공손한 말씨는 서비스의 기본을 이룬다.

- 식기의 취급, 식음료 서비스방법 등의 기본적인 기술을 빠른 시일 내에 터득한다.

(6) 각 부분간에 상호 협력하는 자세를 지닌다

- 다른 부분간의 상호 협력은 서비스의 질을 더욱 향상시킨다.
- 고객을 모시는 것과 같이 기물관리에도 각별한 주의를 해야 한다.

(7) 원가의식을 갖고 업무에 임해야 한다

- 원가관리의 기본은 낭비하지 않는 것이다.
- 원가관리는 특정 담당자뿐만 아니고, 모든 종업원이 함께 하여야 한다.

(8) 고정관념에서 벗어나 변화에 적절히 대응한다

- 식사의 레저화에 상응하는 서비스를 한다.
- 시대적인 경향을 고려한다.
- 서비스의 개선에 중점을 둔다.

2) 자세의 중요성

1. 시각적인 효과로 나타난다.
2. 자신의 인격이나 품위를 나타낸다.
3. 상대방으로부터 평가를 받는다.

[표 7-1] 서비스 맨의 내면 · 외면의 자세

외 면	내 면
자세 언어사용 표정	존경 성의 호의

2. 바른 자세

바른 자세는 예의 바른 이미지와 자신감 있는 긍정적인 평가를 받는 중요한 요인이다. 또한 멋진 걸음걸이를 위해선 상반신의 바른 자세와 하반신의 바른 자세가 갖추어져야만 가능하다.

1. 움직임을 멈춘 상태에서 상체를 곧게 세우고 얼굴은 정면을 바라본다.
2. 남성은 다리를 어깨 넓이로 벌려 앉아 주먹을 살짝 쥐어 무릎 위에 올려 놓는다(상황에 따라 공수하고 무릎 위에).
3. 여성은 한쪽 발을 반 보 정도 뒤로 가져가 한쪽 스커트자락을 누르면서 의자를 확인하고 옆모습을 보이며 천천히 앉는다.
4. 여성은 무릎과 발끝을 붙이고 손은 공수한 채 무릎 위에 놓는다.
5. 의자와 등 사이의 간격은 주먹 하나가 들어 갈 정도로 해서 앉는다. 정장을 입은 여성은 엉덩이를 의자 깊숙이 접어 넣도록 하고, 등을 반듯하게 해서 앉는다.
6. 시선은 상대를 바라보며, 다리를 꼬거나 무릎을 떤다거나 팔짱을 끼는 등의 태도는 삼가야 한다.

[그림 7-1] 올바른 선 자세와 앉을 때의 남녀의 자세

1) 바르게 걷기

❶ 시선은 전방을 향하고, 고개는 떨구지 않도록 한다.

❷ 어깨는 흔들지 말고 곧게 편 자세를 유지해야 한다.

❸ 발바닥 전체가 바닥에 닿는 기분으로 발끝 → 발바닥 → 뒤축 순으로 소리 내지 않고 걷는다.

❹ 팔은 겨드랑이 15도, 팔꿈치 45도로 자연스럽게 흔든다.

❺ 손이 바지 옆선을 가볍게 스치도록 하며, 양발은 11자 모양으로 나란히 한다.

❻ 껌을 씹거나 담배를 피우며 걷지 않는다.

❼ 팔짱을 끼거나 뒷짐을 지거나 주머니에 손을 넣고 걷지 않는다.

실내 · 외에서의 바르게 걷기

- **실내에서의 바르게 걷기**
  - 키보다 3배 앞을 보며
  - 밝은 표정으로
  - 소리 내지 않고
  - 사선 걸음으로
- **실외에서의 바르게 걷기**
  - 고객의 눈보다 15도 위를 보며
  - 양손은 바지를 스치고
  - 남자는 직선 옆을 밟는 기분으로(11자)
  - 여자는 일직선을 밟는 기분으로(1자)

2) 물건 주고 받을 때

❶ 두 손으로

❷ 올바른 방향으로

❸ 시선은 고객의 눈 → 물건 → 고객의 눈으로 옮긴다.

❹ 고객이 편하도록 건넨다.

❺ 또한 물건을 건넬 때는 반드시 한 마디의 말을 하면서 건넨다. 예를 들면, "부탁하신 물건 여기 있습니다." 또는 "감사합니다."

❻ 바닥에 앉아 있는 고객에게는 앉아서, 선 사람이나 의자에 앉아 있는 고객에게는 서서 전달한다.

올바른 방향이란?

고객이 보기 쉽게, 받기 쉽게, 사용하기 쉽게, 위험하지 않게, 또는 방향을 바꾸어 잡을 필요가 없는 상태를 말한다.

3) 바닥에 떨어진 물건을 줍는 자세

❶ 등을 세우고 한 쪽 무릎을 약간 아래로 굽혀서

❷ 한쪽 손으로 스커트 자락을 누르고

❸ 일어설 때는 한 번에 일어선다.

❹ 엉덩이를 뒤로 들지 않도록 한다.

3. 포즈 연출

멋진 포즈 하나로 인상이 달라 보일 수도 있다.

1) 예의 바른 앉는 자세

- 의자 옆에 단정히 서서 무릎 안이나 장딴지로 의자의 위치를 확인한 후 우아하고 여유 있게 앉도록 한다.
- 고개를 돌리지 않고 어깨 너머로 의자를 보고 깊숙이 앉되 등받이에 등이 닿지 않도록 한다(등과 등받이 사이 주먹 한 개).
- 여성은 반드시 무릎을 붙이고 두 다리는 가지런히 하되 등과 허벅지가 90

도 허벅지와 장단지가 90도를 유지하도록 한다. 남성은 무릎을 약간 벌리고 앉는다.

- 다리를 의자 아래로 밀어 넣으면 어깨가 수그러지고 사진으로 남을 경우엔 반드시 신경 써야 할 부분이다.
- 시선은 정면을 향하고 어깨를 펴고 여성은 양손을 모아 누르듯이 허벅지 위에 올리고 남성은 손을 가볍게 주먹을 쥐어 허벅지 위에 올린다.

2) 다리를 꼬는 방법

다리를 꼬고 앉으면 다리가 가장 길어 보인다. 다리를 꼬았을 때 위에 있는 다리의 무릎부터 아래쪽 다리의 발끝까지가 '다리'로 보이기 때문이다.

- 다리를 곧게 펴고 조금 기울인다.
- 두 다리를 같은 방향으로 발목까지 쭉 펴준다.
- 요골에 부담이 되므로 교대로 꼰다.
- 식사 시간에는 예절에 어긋나므로 차를 마실 때 우아하게 다리를 꼬아본다.

〈선 자세〉

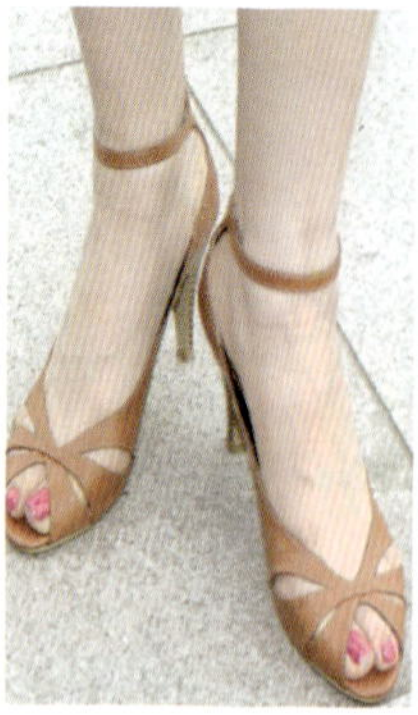

- 카메라를 향해 한쪽 발끝을 곧게 뻗는다.
- 나머지 한쪽 발의 중심을 뻗는 다리의 발뒤꿈치에 붙인다.
- 이렇게 하면 앞에서 보았을 때 발목이 하나가 되고 어깨에서 발끝에 걸쳐 역삼각형이 된다.
- 손의 위치는 배꼽 아래에 자연스레 둔다.(여성)
- 바지 봉제선 조금 뒤쪽에 자연스럽게 내린다.(남성)
- 목을 쭉 늘린다. 등을 쭉 펴고 호흡은 여유 있게 하며 자신감 있는 당당한 모습을 연출한다.

3) 계단 오르내리기

❶ 올라가는 법

- 상체를 곧게 펴서 계단에 올라 다리의 무릎이 완전히 펴진 뒤 올라간다.
- 무릎을 한 계단마다 편다는 것은 근육을 쉬게 하는 것이다. 그래야 지치지 않는다.
- 힐의 뒤꿈치도 계단에 올리는 것이 좋다.
- 시선은 15도 정도 위를 향한다.

❷ 내려가는 법

- 내디딘 다리의 무릎을 편다.
- 착지해서 전 체중을 실은 후 뒤쪽 다리를 앞으로 뻗는다.
- 몸의 방향을 비스듬히 하여 내려온다.

❸ 계단 오르내릴 때의 매너

- 올라갈 때는 남자가 먼저 내려올 때에는 여자가 먼저 내려간다.
- 스커트 착용 시에는 아래 사람을 의식해서 내려온다.

Chapter

8 서비스 맨의 마인드와 용모

1. 서비스 맨의 서비스 마인드

서비스가 재화의 중심이 되는 21세기를 대비하기 위해 서비스 맨들도 변해야 한다. 보다 능동적이며 적극적인 자세로 서비스를 제공하겠다는 서비스 마인드를 지녀야 한다. 서비스 마인드는 서비스 맨의 마음가짐을 의미하는 것으로 서비스 사회에 맞게 서비스 맨의 의미 역시 확장되어야 하는데 서비스 업종에 종사하는 사람만이 아니라 서비스 사회의 구성원을 의미하는 것이다. 따라서 서비스업의 종업원은 물론 서비스 사회의 성공을 준비하는 모든 사람에게 적용되어야 할 덕목이다.

성공적인 서비스를 위해서는 고객에 대한 서비스 종업원의 서비스 마인드가 심리적 우위에 있어야 한다. '아는 자의 여유', '앞선자의 아량', '윗사람의 따뜻한 배려'의 정신으로 고객을 대해야 한다. 마치 선배가 후배를 대하듯, 엄마가 투정부리는 아이를 대하듯 고객을 대하는 것이다. 까다롭고 다루기 힘든 후배나 어린아이 같은 고객일지라도 선배나 엄마의 마음으로 모든 것을 포용하고 넓은 아량으로 고객을 끌어안는 인자한 서비스 맨이 되어야 한다. 또한 후배나 어린 아이 앞에서 실수를 하거나 자세를 흐트려 망신을 당하지 않아야 한다. 후배나 어린 아이를 위한 일인데 부끄러워하거나 건방을 떨 수도 없다.

물론 이러한 서비스 마인드는 후배와 어린 아이에게도 인격적인 대접을 할 수 있는 시민의식이 성숙되지 않으면 안 된다. 후배에게 군림하고 아이에게 엄격하기만 한 그런 자세는 곤란하다. 서비스 맨이 부모·언니·선배·어른의 마음가짐으로 고객을 대하면 책임 의식을 느끼게 되고, 능동적이며, 적극적인 서비스를 제공하게 되고, 고객이 원하는 것을 세심하게 관찰하여 고객의 욕구에 앞서 대응하게 된다. 마치 내 아들과 동생을 위해서 일하는 것처럼 고객을 대한다. 이러한 진심 어린 서비스에 고객은 감동을 받게 되며, 서비스 맨을 재

인식하고 신뢰하게 된다. 결국 고객과 서비스 맨 상호간에 예의를 지키고 존중하면서 만족을 느끼게 된다.

❶ 확고한 서비스 정신과 사명의식을 지녀라
❷ 자신을 존중하며 사랑하라
❸ 고객을 최우선시하라. 서비스의 평가 주체는 고객이다
❹ 공과 사를 구분하고 공명정대하게 대하라
❺ 긍적적이고 적극적인 사고를 가져라
❻ 조직구성원들과 팀웍을 이뤄라
❼ 고객의 마음을 사로잡아라
❽ 인내심을 자져라
❾ 매사에 자신감을 가지고 일을 처리하라
❿ 꾸준한 자기 관리와 역량을 키워라

2. 서비스 맨의 마인드 컨트롤

서비스는 다양한 고객을 대하는 가운데 각종 스트레스를 받을 수 있는 일이다. 그러나 서비스를 수행하는 서비스 맨은 자신의 감정을 일관되게 해야 하는 어려움을 갖는다. 따라서 자신의 감정을 관리하기 위한 마인드 컨트롤은 중요하다.

1) 시작이 중요성

업무를 시작하기 전 자신의 성공을 다짐하고 고객에게 최선을 다 하겠다는 다짐을 한 후 서비스 현장에 들어서라. 하루의 시작인만큼 자기 암시와 다짐은 자신에게 힘을 준다. 업무에 들어서기 전의 모든 불쾌함이나 부정적인 생각을 던져라.

2) 긍정적인 사고

고객은 원래부터 감정기복이 심한 존재임을 인식하고 너무 심각하게 받아들이지 않도록 하라. 고객은 자신과 오랜 인연을 맺어 온 사람만이 아니라 처음 대하게 되는 경우가 많은 바, 고객의 속성을 이해하고 그의 어려움을 돕겠다는 긍정적 사고가 필요하다.

3) 이미지 트레이닝

기분 나쁜 일은 빨리 잊으려는 의도적인 노력이 필요하다. 이미지 트레이닝이 필요하다. 자신이 잊겠다고 생각했다면 그에 맞는 행동을 하라. '플라시보 효과(placebo effect)'에서도 알 수 있듯이 의도적인 억지웃음도 효과적임을 기억하라.

4) 고객에 대한 이해

고객의 입장을 이해하도록 노력하라. 고객은 당신의 앞에 서비스 전 많은 스트레스에 시달렸을 수도 있고 힘들고 어려운 일을 겪었을 수도 있다. 고객의 편에 서서 그를 이해하도록 노력하라. 고객에게는 위안을 주고 당신의 서비스를 향상시키는 좋은 경험이 될 수 있음을 명심하라.

3. 서비스 맨의 용모

고객 서비스를 함에 있어 서비스 마인드와 더불어 중요시 되는 점은 고객접점에서의 이미지 관리이다. 서비스는 고객과의 첫 대면인 접점이 매우 중요한 산업이다. 용모관리에 신경을 써서 고객과의 진실한 순간에 좋은 인상을 심어주기 위한 노력을 기울여 만족하는 서비스 맨이 되도록 해야 한다.

보통 사람들은 첫인상이 결정되는 데 걸리는 시간은 6초 정도라고 한다. 첫인상을 결정하는 요소로 외모・표정・동작이 80%를 차지하고, 목소리와 말하는 방법이 13%, 그리고 나머지 7%가 인격이라고 한다. 즉 처음 대면하는 상대방, 즉 고객에게 첫 이미지를 결정하는 데 외모・표정・몸가짐에 의해서 거의 모든 것이 결정됨을 알 수 있다. 그런데 "사람이 첫인상을 나타낼 수 있는 기회는 단 한번뿐이다"라는 말처럼 우리는 하루의 일상생활에서 단 한번뿐인 첫인상, 즉 이미지를 많이 심고 다닌다. 직장인이 좋은 이미지를 얻기 위해서는 다음과 같은 노력이 필요하다.

1) 일을 열심히 한다는 이미지를 심는다

직장생활에서 자기 일에 최선을 다한다는 이미지보다 더 중요한 것은 없다. 신바람 나게 일하는 이미지를 심어보자. 이 세상에는 자신이 좋아 하는 일만 있는 것은 아니다. 자신이 싫어하는 일에 대한 인식을 바꾸어 보자.

- 일상적인 일의 순서를 바꾼다.
- 내가 싫어하는 업무를 그 이일을 좋아 할 수 있는 다른 사람과 바꿔 본다.
- 고질적인 불평분자와는 어울리지 않는다. 내 사기마저 떨어지게 된다.
- 주변의 동료들과 좋은 관계를 맺도록 한다.
- 나만의 프로젝트나 목표를 만들어 본다.
- 알고 싶은 일을 열심히 배운다.

2) 표정과 미소를 훈련한다

- '이-' 하면서 입의 양끝을 위로 당겨 올린다.
- 윗니는 거의 다 보이게, 잇몸은 보이지 않게 한다.
- 윗니와 아랫입술이 약간 떨어지게 한다.

입 꼬리가 올라가면 젊어 보이고 유쾌한 인상을 준다. 인상학적으로 입 꼬리가 올라가는 사람은 운에 강하고 운을 부른다고 한다. '이' 또는 '히' 발음을 길게 하면 입 꼬리를 올려 주는 데 도움이 된다. 혼자 있을 때에는 거울을 보고 연습해 보자. "표정은 운명을 바꾼다."고 한다. 미소와 함께 "안녕하세요."라고 먼저 인사하자.

3) 직업에 맞는 용모를 갖춘다

복장이나 두발, 신발 등도 서비스 맨에게 잘 어울리는 것, 비즈니스 맨에게 어울리는 것이 있다. 자신의 직업에 잘 어울리는 용모를 갖춘다. 특히 서비스 맨은 빈틈없고, 깨끗하며, 단정한 용모관리가 필요하다. 고객에게 있어서 서비스 맨은 자신이 곧 상품이라고 할 수 있다. 자기의 직업(직무)에 맞는 이미지와 그것에 어울리는 용모를 갖추어야 한다.

Chapter 9 서비스 맨의 성공적인 이미지 메이킹

1. 서비스 맨의 커뮤니케이션

1) 서비스 맨의 대화법

(1) 대화의 중요성

❶ 대화는 알고 있는 단어를 나열하는 것이 아니라, 예술품을 만드는 것과 같다.

❷ 다듬어진 대화를 하는 것은 나 자신을 높일 뿐 아니라, 상대의 감정 상태와 결과에 효과적이다.

[표 9-1] 언어 사용의 3원칙

구 분		표현 요령	화제 선택
밝게		• 명랑한 목소리 + 즐거운 기분 • 유머 · 센스를 활용	• 건전하고 밝은 이야기 • 건강한 이야기 • 즐거운 이야기
상냥하게	듣기 쉽게	• 알기 쉽게 말한다. • 전문어 · 약어에 주의한다. • 적당한 속도, 적당한 발음	• 모두가 이해하기 쉬운 이야기
	상냥하게	• 상대방의 입장 고려 • 공손하게	• 마음을 따뜻이 하는 부드러운 이야기
아름답게		• 은어 · 유행어 지양	• 아름다운 이야기

2) 좋지 못한 듣기의 표현

❶ 다른 행동을 하며 듣는다.

❷ 눈을 쳐다보지 않고 무관심하게 듣는다.

❸ 팔짱을 끼고 듣거나 손장난을 한다.
❹ 말끝이나 단어를 트집 잡고 늘어진다.
❺ 중간 중간 자꾸 끼어들거나 말참견을 한다.

3) 잘 듣기 위한 방법

❶ 긍정적인 태도로 접근한다.
❷ 나의 감정으로 미리 판단하지 말자.
❸ 상대방의 입장에서 생각한다.
❹ 집중력을 키운다.
❺ 서두르지 말고 침착하게 듣는다.
❻ 상대가 말하고자 하는 요점을 찾는다.
❼ 모르면 그 자리에서 묻는다.
❽ 눈으로 듣는다.
❾ 듣는 모습까지도 보이는 듣기임을 잊지 않는다.

4) 좋은 대화의 Point

❶ Cushion 표현 사용(부드럽게 만드는 말) : 고객에게 의뢰할 때나 고객의 뜻과 다른 경우에 덧붙인다.

- 실례합니다만 ~
- 공교롭게도~
- 죄송합니다만~
- Excuse me~

❷ '긍정문'으로 말한다. 밝은 표정은 긍정적 언어를 사용하는 것이 Point이다.
할 수 없습니다. → 손님, 제가 되는지 한번 알아보겠습니다.

❷ '의뢰문'으로 바꾸어 말한다.
~하십시오. → ~해 주시겠습니까?

5) 말하는 것보다 듣는 것이 중요

❶ 고객의 말을 '잘 듣기 위한 방법'을 숙지

❷ 고객의 말을 듣는데 장애가 되는 요소 제거

❸ 대화의 1 · 2 · 3 법칙

- 1분 동안 말하고
- 2분 동안 듣고
- 3번 맞장구친다.

❹ 듣는 사람의 3가지 유형

- 무시
- 듣는 척
- 선택적 듣기
- 적극적 듣기
- 공감적 듣기 : '청' – 진지한 눈빛으로 마음을 실어서
- 고객의 말을 듣는 직원의 고객 만족률
  - 무시(Ignore) : 0%
  - 듣는 척(Pretend) : 10%
  - 선택적(Selective) : 10~40%
  - 적극적(Active) : 50~60%
  - 공감적(Emphatic) : 90~100%

❺ 바람직한 경청시의 자세

- F : Friendly
- A : Attention
- M : Me Too

- I : Interest
- L : Look
- Y : You Are Centered

6) 말을 잘하는 방법

(1) 말할 때의 유의점

❶ 말하는 목적을 의식하며 고객의 입장을 먼저 생각한다.
❷ 정확한 발음, 밝은 목소리, 적당한 속도로 말한다.
❸ 고객의 미간을 보며 좋은 태도로 말한다.
❹ 고객에게 맞춰 알아듣기 쉽게 말한다. 표준어와 일상생활용어를 사용한다.
❺ T.P.O에 맞도록 말을 한다.
❻ 겸허한 자세로 공손한 말을 사용한다.
❼ 침이 튀지 않게 해야 한다.
❽ 밝은 표정으로 말을 한다.
❾ 되도록 말을 적게 한다.

(2) 경어의 바른 사용

❶ **존경어** : 상대에게 경의를 표하는 말로 상대의 행동・태도 등을 표현할 때 사용한다.
❷ **겸양어** : 자신을 낮추어 하는 말로 자신의 행동・태도 등을 표현할 때 사용한다.
❸ **공손어** : 상하관계를 떠나 정중한 응대가 필요한 경우에 사용한다.

(3) 칭찬의 방법과 적절한 사용

❶ **대담찬사법** : "고객님! 정말 굉장하시군요." "셔츠가 정말 잘 어울립니다."
❷ **단순찬사법** : 사실 그대로, 느낀 대로 칭찬하는 방법이다. "헤어스타일이

멋지십니다."

❸ **호칭변형찬사법** : 실제의 호칭은 아니지만 고객을 위해 사용하는 호칭을 이용해 칭찬하는 방법이다. "사장님!", "선생님!"

❹ **감탄찬사법** : 감탄사를 이용한 칭찬방법이다. "역시……", "정말……"

❺ **반문찬사법** : 대화 도중에 감정을 가미하여 칭찬하는 방법이다. "아! 그렇습니까? 정말 대단하십니다."

❻ **비유찬사법** : 좋은 것이나 유명인에 비유해서 칭찬하는 방법이다. "눈이 마치……같습니다.", "입이 마치……같습니다."

❼ **소유물찬사법** : 고객의 소유물이나 아이 · 가족관계 등을 들어 칭찬하는 방법이다. "따님이 영리하게 생겼습니다.", "목걸이가 정말 잘 어울리시는군요."

(4) 세련된 언어 관리

❶ 좋은 음성을 유지하기 위해 듣기에 나쁜 목소리는 피한다.

❷ 성대를 다치게 하는 습관들은 피하는 것이 좋다.

❸ **목소리를 소중하게 관리하는 방법**

- 건강한 목소리를 위해 하지 말아야 할 일
  - 담배를 피우거나 향정신성 약물을 사용한다.
  - 술이나 커피를 마신다.
  - 소리를 많이 지르는 치어 리더 같은 일을 한다.
  - 스포츠 경기에서 큰 소리나 비명을 지른다.
  - 시끄러운 클럽이나 바에 간다.
  - 스포츠 경기장, 대규모 모임, 비행기, 버스 등 시끄러운 장소에서 이야기를 하려고 애쓴다.
  - 재채기 소리를 일부러 낸다.(재채기를 억지로 참으라는 것이 아니다. 재채기하는 동안 굳이 소리를 내려고 하지 말라는 의미이다.)
  - 하품하면서 일부러 소리를 낸다.

- 기침을 한다.
- 계속 헛기침 소리를 낸다.
- 목이 아파 음식을 삼키기 힘든 상태에서 말을 계속한다.
- 감기나 후두염에 걸린 상태에서 말하려고 애쓴다.
- 오랫동안 비교적 큰 목소리를 내려고 애쓰면서 말한다.
- 숨을 들이 쉬면서 어깨나 가슴을 들어 올린다.
- 락이나 헤비메탈 노래를 부른다.
- 편하지 않은 상태의 높은 음이나 낮은 음으로 이야기한다.(가볍게 놀랐을 때 내는 "음"소리가 말하기에 가장 바람직한 높이다.)
- 목소리를 다르게 바꾸려고 애쓴다.(섹시하게 혹은 남성답게, 음성 이미지를 바꿔 보려는 생각에서)

● 건강한 목소리를 위해 해야 할 일

- 원래 자기 목소리의 높이대로 말하라.
- 충분한 휴식을 취하라.
- 행복한 마음을 가져라.
- 많이 웃어라.(단, 목소리를 잘 준비시킨 다음에)
- 스트레스를 피하라.
- 탁한 공기를 피하라. 우리가 들여 마시는 공기는 모두 목소리 기관으로 지나간다.
- 복식 호흡을 하라.
- 영양섭취를 고르게 하라.
- 말을 많이 하게 될 경우 우유나 치즈 같은 낙농제품의 섭취를 피하라. 낙농제품은 점액질을 많이 만들어낸다.
- 자신의 목은 가격을 매길 수 없을 만큼 귀중한 악기라고 생각하라.
- 겨울에는 침실의 습도를 높여라.
- 물을 많이 마셔라. 목이 건조해지는 것을 피하기 위해서는 하루 8 잔정도의물이 필요하다.

❹ 음성관리의 3요소

- 또렷한 목소리
- 적당한 속도
- 알맞은 음량과 강약

❺ 억양

- 미소를 지으면서 이야기 한다.
- 중요하거나 강조해야 할 단어에는 강세를 두어 말한다.
- 높낮이를 과장한다.

❻ 목소리의 크기(음량)

❼ 말하는 속도

❽ 호흡법

- 흉식호흡
- 복식호흡

(5) "실례합니다.", "죄송합니다."의 많은 사용

'실례합니다.', '죄송합니다.'를 많이 사용할수록 품위가 높아진다. 기본예절은 다른 사람의 공간을 인정하는 정도에 따라 실천도가 달라진다. 다음과 같은 상황에서 '실례합니다.', '미안합니다.'라고 작고 겸손한 목소리로 말한다.

❶ 고객 고유의 공간, 즉 30cm 이내를 침범한 경우

❷ 고객의 앞을 가로질러 갈 경우

❸ 두 사람의 사이를 헤치고 가야 할 경우

❹ 고객 옆에 있는 물건을 집어 올 경우

❺ 몸의 일부분이 부딪혔을 경우

❻ 자신이 다른 사람의 신로를 막고 있거나 방해히고 있을 때

[표 9-2] 친절 · 불친절한 음성

친절한 음성	불친절한 음성
쾌활 자연스러움 친근함 성의 관심을 끄는 음성	불쾌, 억지 기계적 냉담 불성실 반발적 음성

2) 서비스 언어사용의 생활화

(1) 서비스 맨의 기본접객용어 7가지

❶ "안녕하십니까?"

❷ "실례합니다."

❸ "감사합니다."

❹ "네, 잘 알겠습니다."

❺ "바로 ○○해 드리겠습니다."

❻ "죄송합니다."

❼ "안녕히 가십시오."

(2) 서비스 대화법의 10가지 Point

❶ 3의(三意)를 가지고 말해야 한다.

❷ 항상 부드러운 미소를 띠고 상냥하게 말해야 한다.

❸ 목소리의 크기와 말의 속도는 T.P.O에 맞춰야 한다.

❹ 시선은 고객에게 두어야 한다.

❺ 고객을 칭찬해야 한다.

❻ 잘 듣고 맞장구를 쳐야 한다.

❼ 똑똑한 체 해서는 안 된다.

❽ 고객의 입장을 존중해야 한다.

❾ 침착하게 말해야 한다.

❿ 반 토막말을 하지 않는다.

예 네? → 다시 한번 말씀해 주시겠습니까?

(3) T.P.O 에 따른 공손한 말씨

❶ 고객을 맞이할 때 : "어서 오십시오.", "반갑습니다.", "무엇을 도와 드릴까요?"

❷ 고객의 용건을 받아들일 때 : "예, 잘 알겠습니다."

❸ 고객에게 감사의 마음을 나타낼 때 : "감사합니다.", "고맙습니다."

❹ 고객에게 질문이나 부탁을 할 때 : "죄송하지만 ……입니까?", "……해 주시겠습니까?"

❺ 고객을 기다리게 할 때 : "죄송하지만 잠시만 기다려 주시겠습니까?"

❻ 고객 앞에서 자리를 뜰 때 : "실례합니다."

❼ 고객이 재촉할 때 : "잠시만 기다려 주시겠습니까?"

❽ 고객을 번거롭게 할 때 : "불편을 드려 정말 죄송합니다."

❾ 고객에게 거절할 때 : "정말 죄송합니다.", "최선을 다해 가능한 알아보겠습니다."

❿ 용건을 마칠 때 : "감사합니다. 더 필요하신 사항은 없으십니까?"

⓫ 고객과 지나가다 부딪혔을 때 : "죄송합니다. 어디 다치신데는 없으십니까?"

⓬ 고객 뒤로 지나 갈 때 : "실례합니다.", "죄송하지만 잠시 지나가도 되겠습니까?"

⓭ 고객의 뒤에서 말을 걸 때 : "무엇을 도와 드릴까요?"

⓮ 입구나 출구, 엘리베이터 등에서 고객과 맞부딪칠 때 : "안녕하십니까?", "안녕하세요?"

⓯ 고객에게 물건을 드릴 때 : "……여기 있습니다. 고맙습니다."

(4) 서비스 맨의 멀리해야 할 말 10가지

❶ 안됩니다.

2. 모릅니다.
3. 제 소관이 아닙니다.
4. 글쎄요.
5. 다른 곳에 알아보세요.
6. 지금은 바쁜데요.
7. 기다리세요.
8. 곤란한데요.
9. 힘들어 죽겠네.
10. 다음에 한번 오세요.

좋지 않은 용어	좋은 용어
• 누구, 누구시지요?	• 실례지만, 누구십니까?
• 저 사람	• 저 분
• 없습니다.	• 안계십니다.
• 같이 온 사람	• 같이 오신 분
• 안됩니다.	• 유감스럽습니다만, 안될 것 같습니다.
• 몰라요	• 죄송합니다만, 잘 모르겠습니다.
• 전화해주세요	• 죄송합니다만, 나중에 전화해 주시겠습니까?
• 다시 오세요	• 다시 오십시오. 다시 방문해 주십시오.
• 누굴 찾아 오셨습니까?	• 어느 분을 찾아 오셨습니까?
• 알았어요.	• 네, 잘 알겠습니다.
• 나는	• 저는
• 우리 호텔	• 저희 호텔
• 사는 집, 집	• 사시는 곳, 댁
• 할아버지, 할머니	• 어르신
• 어서 오세요.	• 어서 오십시오.
• 조금 기다려 주세요.	• 죄송하지만, 조금만 기다려 주십시오.
• 미안합니다.	• 죄송합니다.
• 이름이 뭡니까?	• 성함이 어떻게 되십니까?

[표 9-3] 고객에 대한 바른 호칭과 좋지 않은 호칭

좋지 않은 호칭	올바른 호칭
아저씨	사장님, 교수님, 손님
여기요	손님
아줌마	사모님, 손님
아가씨	손님
꼬마야	어린이
이철수 씨	이철수 손님

2. 서비스 맨의 성공적인 커뮤니케이션

1) 커뮤니케이션의 수단

단 어	말의 어조, 음성	비언어수단(몸짓, 태도, 표정, 자세
7%	38%	55%

2) 플래니늄의 법칙

흔히 "당신이 받기 원하는 방식으로 다른 사람을 대하라"라는 말을 황금의 법칙으로 믿고 있으나 정말로 모든 사람들이 당신이 받기 원하는 방식으로 대우받고 싶어 하는가? 그보다는 고객이 원하는 방식대로 원하는 것을 제공하는 것이 바람직하다고 할 수 있다. 토니 알렉산드라 박사의 플래니늄 법칙, 즉 "그들이 원하는 방식대로 그들을 대하라"에 관심을 가져야 한다. 이를 위해서는 대화하고 있는 상대방을 잘 이해하고 그들이 원하는 것을 알아내기 위해 상대방의 커뮤니케이션 스타일을 먼저 파악할 필요가 있다.

3) 커뮤니케이션의 유형

❶ 지배맨 : 지배적인 사람(예 힐러리 클린턴, 마돈나, 마이클 조던 등)

❷ 영향맨 : 영향력을 행사하고 싶어 하는 사람(예 빌 클린턴, 로빈 윌리엄스, 아놀드 파머, 베트 미들러, 오프라 윈프리, 에디 머피 등)

❸ 꾸준맨 : 꾸준한 스타일(예 테레사 수녀, 바바라 부시, 간디, 존 덴버 등)

❹ 꼼꼼맨 : 꼼꼼하고 정확한 사람(예 캐빈 코스트너, 잭 니클라우스 등)

[표 9-4] 커뮤니케이션의 4가지 유형

인물타입 특 징	지배맨	영향력맨	꾸준맨	꼼꼼맨
목소리	직설적	열정적	친근함	직설적
에너지	따뜻하다.	따뜻하다.	따뜻하다.	차갑다.
말의 속도	빠르고 명령적	빠르고 충동적	느리고 평온함	느리고 조직적
말 투	단정적, 대화를 통제	생기 있고 활동적	친근하고 부드러움	감정을 드러내지 않고 잡담 없음
듣는 태도	성급하고 대답을 빨리함.	잘 반응하고 자주 끼어 듦	잘 받아들이고 집중함	주의 깊고 분석적임
목 표	결과를 통제하는 것	인간간계를 형성하는 것	안전과 안정	정확성과 체계
질 문	언제	누가	어떻게	왜
호감의 대상	선택권과 효율성	추천장, 수고의 절약	안전성과 서비스	질, 정확성, 논리
결정 스타일	빠름	감정적	심사숙고	분석적
후속 작업	핵심을 짚어 직접적이고 빠르게	짧고 개인적으로 친근하게	개인적으로 친근하고, 확신을 심어 주도록	조직적으로 상세한 사실을 전달

자료 : TTI International Ltd., Scottsdale, Arizona.

[표 9-5] 상황에 따른 인사말

상 황	인사말
고객을 맞이할 때	"안녕하십니까?", "어서 오십시오."
전송할 때	"안녕히 가십시오."
자주 만나는 고객에게	"안녕하셨습니까?"
머뭇거리는 고객에게	"무엇을 도와 드릴까요?"
손님을 기다리게 할 때	"잠시만 기다려 주십시오."
사과할 때	"불편을 드려 정말로 죄송합니다."
손님을 기다리게 했을 경우	"기다리시게 해서 정말 죄송합니다."
대답할 때	"예, 알겠습니다.", "그렇습니다."
반복해서 물을 때	"죄송합니다만, 다시 한번 말씀해 주시겠습니까?"
거절할 경우	"죄송합니다만.", "유감스럽습니다만"
안내할 때	"안내해 드리겠습니다. 이쪽으로 오십시오."
출근하면서	"안녕하십니까?"
근무 중 외출할 때	"OOO 다녀오겠습니다."
먼저 퇴근할 때	"먼저 퇴근하겠습니다.", "내일 뵙겠습니다."
외출해서 돌아 왔을 때	"다녀왔습니다."
지나가다 부딪쳤을 때	"죄송합니다.", "실례했습니다."

3. 서비스 맨의 전화응대

전화는 음성만으로 전달하기 때문에 비교적 마음의 부담은 적지만, 그만큼 오해를 불러일으키기 쉬우므로 예절을 잘 지키도록 한다.

1) 전화 응대의 중요성

(1) 직접 고객을 만났을 때

(2) 간접적(전화)으로 고객과의 만남

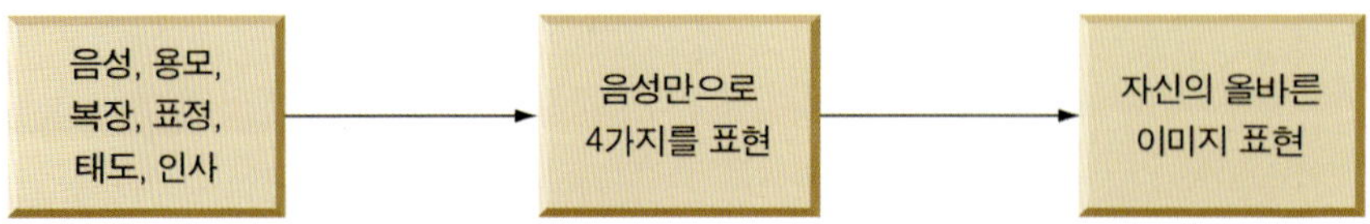

(3) 음성 커뮤니케이션 : Message 전달

❶ 55%는 시각적 신호(Body Language)에 의해 전달

❷ 38%는 음성적 신호(말하는 속도, 소리의 크기 등)에 의해

❸ 7%는 언어적 신호(대화에서 선택하는 용어 등)

따라서 전화로 대화를 나눌 때 커뮤니케이션 수단의 55%를 잃게 되는 셈이므로 목소리 자체는 이미지를 전달하는 핵심 열쇠이다.

(4) 전화응대는 이러한 의미를 갖는다

❶ 업무의 기본이다.

❷ 고객접점의 제1선이다.

❸ 전화 한 통이 기업의 이미지를 결정짓는다.

(5) 전화고객의 특징

❶ 고객과의 얼굴 없는 만남이다.
❷ 업장의 이미지이다.
❸ 예의 없이 찾아오는 방문객이다.
❹ 귀에 들리는 음성만으로 의사를 결정한다.

(6) 전화응대가 직접응대와 다른 점

❶ 전화기라는 기계를 통한 응대이다.
❷ 목소리만의 응대이다.
❸ 일정시간 내에 이루어지는 응대이다.
❹ 거리가 떨어져 있는 곳에서의 1대 1 응대이다.
❺ 전화응대는 무료가 아니다.

2) 전화응대의 기본자세

(1) 전화응대는 인사로 시작하고, 인사로 끝낸다

❶ 아무리 업무가 바쁘더라도 인사가 곧 첫인상이라는 점을 늘 잊지 말아야 한다.
❷ "안녕하십니까? ○○○입니다. 무엇을 도와드릴까요?"라는 첫인사와 "전화 주셔서 감사합니다."라는 끝인사는 기본이다.

(2) 전화기의 근처에 이런 것들을 준비한다

❶ 메모용지
❷ 필기도구
❸ 자주 거는 전화번호의 List

(3) 간결 · 명확하게 마무리 짓는다

(4) 항상 미소 띤 목소리로 통화한다

❶ 기분은 목소리에 나타나는 것이다.
❷ 수화기는 왼손으로 들고, 오른손은 메모할 준비를 한다.
❸ 송화기와의 거리는 주먹 한 개 정도가 적당하다.

(5) 확실히 · 천천히 · 정확하게 이야기한다

❶ 알기 쉬운 말로 이야기해야 한다.
❷ 고유명사와 숫자는 분명히 · 천천히 이야기하고, 잘못 듣지 않도록 주의한다.
❸ 말끝도 분명히 말한다.

(6) 고객과 마주 대하고 있는 것처럼 응대한다.

(7) 전화응대의 태도

❶ 전화벨 소리가 세 번 이상 나지 않도록 받으며, 수화기는 왼손으로 받는다.
❷ 수화기를 들면서 자신의 소속과 이름을 밝힌다.
❸ 상대방의 말을 충분히 경청하되 통화내용은 간단 · 명료하게 한다.
❹ 밤 10시 이후에는 가급적 급한 일이 아니면 전화거는 것을 삼가야 하고, 사무실에서는 공적인 용무 외에 사적인 통화는 피하는 것이 좋다.
❺ 전화통화 중에 다른 사람과 상의할 일이 생기면, 양해를 구한 후 상대에게 들리지 않도록 송화기를 막는다.
❻ 전화를 끊을 때는 보편적으로 전화를 받은 사람이 먼저 끊는 것이 관례로 되어 있으나, 상대방이 윗사람이거나 숙녀일 경우는 상대방에게 먼저 끊도록 배려한다.

전화예절 : 힐튼호텔 Smile on the Line 운동

서울 힐튼 호텔이 실시하고 있는 전화예절운동 'Smile on the Line'이 내놓은 전화 받는 매너 10개항과 상황에 따른 적절한 응대 방법을 소개한다.

- 메모지와 필기도구를 항상 준비해 둔다.
- 전화는 왼손으로 받는다.
- 벨이 세 번 울리기 전에 받는다.
- '미소 띤 음성'으로 인사말 · 소속 · 이름순으로 첫 인사를 한다.
- 첫인사 때 목소리의 높이는 '솔'음을 유지한다.
- 통화 중이어서 고객을 기다리게 할 경우에는 반드시 사과의 말을 한다.
- 다른 번호로 돌릴 경우에는 다음과 같이 설명한 뒤 연결한다.
  "혹시 연결도중 끊어지면 317-2△△△번으로 전화해 주시기 바랍니다. 감사합니다."
- 전화를 끝낼 때에는 반드시 "감사 합니다"라고 인사한다.
- 고객이 먼저 끊은 것을 확인한 뒤 수화기를 내려놓는다.
- 고객에게 자신의 전화번호를 안내할 경우 꼭 직통전화번호를 알려 준다.

3) 올바른 전화사용법 실습

(1) 발성의 기본자세

❶ 몸의 한 쪽으로 힘이 편중되지 않도록 자세를 바로 한다.

❷ 전신에 생기가 도는 약간의 긴장감을 준다.

❸ 몸의 중심은 발톱 끝에 둔다.

❹ 복근에 약간의 힘이 들어간 듯한 상태에서 자세를 바로 한다.

❺ 눈은 자신의 눈높이보다 약간 높은 곳을 응시한다.

❻ 입의 방향은 눈의 방향과 같이 한다.

❼ 특히 목에 힘이 들어가지 않도록 한다.

(2) 5단계 발성훈련

❶ 각 단계의 음성크기는 같게 한다.

❷ 각 단계의 소리 내는 시간을 같게 한다.

❸ 음색이 동일해야 한다.

❹ 공기를 충분히 마신다.

❺ 아랫배에 힘을 주고 배에서부터 우러나오는 소리를 낸다.

[표 9-6] 발성 훈련

고 음	깊은 호흡을 하고 혀 안쪽에 힘을 주고 "아……"하고 소리는 내는데, 머리에 공명을 내야 한다.(주의할 것은 어느 기관으로 힘을 주거나 공명을 일으켜서는 안 됨)
중 음	보편적으로 대화를 할 때의 소리를 중음이라 한다. 중음 역시 고음과 같으나 다른 점은 입 근처에 공명을 일으키면서 "에……"하고 자연스럽게 호흡을 뱉는다.
저 음	이 역시 같으나 혀끝에서 "엎……"하는 식으로 뱃속 깊이까지 소리가 들어가듯이 한다. 대체로 여성은 저음이 잘 안되고, 남성은 고음이 잘 안 된다.

3) 호흡훈련

호흡을 길게 할 수 있는 복식호흡으로 시간과 횟수를 점진적으로 늘려가며 연습한다.

❶ 1단계 : 온 몸을 자연스럽고 편안한 자세로 한다.

❷ 2단계 : 양팔을 허리 품에 얹고서 공기를 깊이 들여 마신 다음 천천히 뱉는다.(2회)

❸ 3단계 : 깊이 마신 다음에 아주 빨리 뱉는다.(2회)

❹ 4단계 : 깊이 마신 다음에 천천히 뱉는다.(2회)

❺ 5단계 : 양팔을 빨리 위로 올림과 동시에 숨을 마시고 빨리 "핫", "핫", "핫"하고 끊으며 뱉고 양팔을 같이 아래로 내린다.(아침 · 저녁으로 되풀이함으로써 몸과 마음의 피로를 푼다.)

4) 전화를 받을 때의 방법

(1) 전화를 받는 방법

❶ 전화벨이 울리면 곧 받는다.(3번 울리기 전에)

❷ "안녕하십니까? 중식당입니다. 무엇을 도와 드릴까요?"라고 밝고 경쾌한 목소리로 인사한다.

❸ 고객 이름을 꼭 확인한다.

❹ 용건을 정확히 듣고, 모르는 점은 물어서 확인한다.

❺ 끝인사를 꼭 한다.

(2) 전화를 받을 사람이 부재중인 경우

❶ 우선 전화 받을 분이 부재중인 이유와 돌아오는 시간을 말하고, 다른 분을 바꿔 드려도 좋은지 여쭈어 본다.

❷ 전언을 부탁 받았을 경우는 메모를 복창하고, 자신의 이름을 말한다.

❸ 전화를 건 고객에게는 다시 전화를 드려도 되겠느냐고 반드시 묻고 끊는다.

❹ **메모하는 요령** : 5W1H 요령으로 메모한다.

- Who(누가)
- What(무엇을)
- When(언제)
- Where(어디서)
- Why(왜)
- How(어떻게)

(3) 자신이 용건을 처리할 수 없는 경우

❶ 담당부서를 말씀드리고 바로 연결해 드린다.

❷ 연결 도중 끊어질 경우 해당부서로 연락하도록 연락처를 알려 드린다.

(4) 잘못 걸려온 전화를 받았을 경우

❶ 전화를 잘못 걸었음을 알려 드리고, 다시 한 번 확인해 보시라고 말씀드린다.

❷ "잘못 걸었습니다. 여기는 ○○○국의 ○○○○번입니다." 등으로 수신자 쪽을 밝힌다.

(5) 고객과 통화 중 전화가 끊겼을 경우

❶ 전화를 먼저 건 사람이 다시 걸도록 한다.

❷ 만약 고객이 먼저 걸어서 끊어졌다면 반드시 기다렸다가 상황을 설명하고 양해를 구한다.

❸ "방금 전화가 끊어졌습니다. 대단히 죄송합니다."

(6) 전화의 감이 먼 경우

❶ 먼저 상황을 설명하고 양해를 구한 후 끊는다.

❷ 즉시 전화를 다시 건다.

(7) 고객과의 대화중에 전화가 왔을 경우

❶ 자신의 상황을 이야기하고 양해를 구한 다음에 전화를 받는다.

❷ 언제쯤 통화가 가능한지를 정중히 확인시켜 준다.

❸ 반드시 약속된 시간에 다시 전화한다.

(8) 통화 중인 고객을 기다리게 할 경우

❶ 중간 상황을 상대방에게 알려 주어 다시 전화하거나 기다리게 한다.

❷ "○○○는 지금 통화 중이오니 잠시 기다려 주시겠습니까?"

❸ "○○○는 지금 통화 중인데, 시간이 걸릴 듯합니다. 잠시 후에 다시 한 번 전화주셨으면 합니다만……"

(9) 통화 중 갑자기 기침이나 재채기가 나올 경우

❶ 수화기를 막아 상대방에게 들리지 않게 한다.

❷ 상대방에게 양해를 구한다.

❸ 대화를 계속한다.

(10) 불만전화를 받았을 경우

❶ 자신의 신분을 밝힌다.
❷ 용건을 정확하게 파악한다.
❸ 해당부서의 담당자를 소개해 준 후 전화 받은 내용을 메모해 둔다.
❹ 처리 내용을 확인한다.

〈전화를 받는 법 Check List〉

번 호	체크항목	Yes	No
1	벨이 2회 이내 울릴 때 받았습니까?		
2	메모준비는 되어 있었습니까?		
3	바르게 자신의 이름을 말했습니까?		
4	상대방을 확인했습니까?		
5	전화를 신속하게 바꾸어 주었습니까?		
6	찾는 사람이 없을 때 적정히 처리했습니까?		
7	용건을 들으며 메모를 했습니까?		
8	요점을 복창했습니까?		
9	전언을 부탁받았을 때, 상대에게 자신의 이름을 알렸습니까?		
10	전화를 쓸데없이 여기저기 바꾸어 주지는 않았습니까?		
11	전문용어를 쓰지 않았습니까?		
12	너무 기다리게 하지는 않았습니까?		
13	알기 쉬운 말로 배려하면서 전화를 받았습니까?		
14	확실하고 밝은 목소리였습니까?		
15	경어는 적절했습니까?		
16	끝맺음의 인사를 했습니까?		
17	상대방이 끊고 나서 전화를 끊었습니까?		

5) 전화를 걸 때의 방법

(1) 전화를 거는 방법

❶ 우선 전화를 걸 준비를 한다.

❷ 고객의 성함을 다시 한번 확인한다. "○○○호텔 예약실의 ○○○입니다. ○○○ 손님이십니까?"

❸ 간단한 인사를 한다.

- "안녕하셨습니까? 매번 이용해 주셔서 정말 감사합니다."
- "그간 평안하셨습니까? 휴가는 다녀오셨습니까?"

❹ 용건은 메모를 보면서 간단히 전한다.

❺ 끝인사를 한다.

- "감사합니다. 안녕히 계십시오."
- 고객이 끊는 것을 확인한 후 3초 후에 끊는다.

(2) 고객이 바빠서 통화를 할 수 없는 경우

❶ 중간 상황을 상대방에게 알려 준다.

❷ 다시 전화하거나 기다리게 한다.

❸ 용건이 있으면 메모를 받아 간단히 전한다.

❹ 끝인사를 한다.

(3) 전화를 잘못 걸었을 경우

정중히 사과하고 끊는다.

〈전화를 거는 법 Check List〉

번호	체크항목	Yes	No
1	상대방의 번호를 확인하고 걸었습니까?		
2	말할 내용을 미리 메모하고 걸었습니까?		
3	다이얼이나 버튼을 펜 끝 등으로 누르지 않았습니까?		
4	바르게 자신의 이름을 말했습니까?		
5	상대방을 확인했습니까?		
6	처음 인사는 완전하게 할 수 있었습니까?		
7	용건은 요령 있게 말할 수 있었습니까?		
8	요점은 서로 확인했습니까?		
9	알기 쉬운 말로 했습니까?		
10	확실하고 밝은 목소리였습니까?		
11	경어는 적합했습니까?		
12	끝맺는 인사말을 했습니까?		
13	조용히 끊었습니까?		
14	장거리의 경우 시간에 유의했습니까?		

〈전화 응대 시 기본화법〉

상 황	화 법
벨이 여러 번 울린 후 받았을 경우	늦게 받아 죄송합니다.
부득이 고객을 기다리게 한 후 (홀드 버튼을 누르고 시간이 지체되었을 때)	기다리게 해서 죄송합니다.
부득이 고객을 기다리게 한 후(중간에 고객에게 기다려 달라는 안내를 한 경우)	기다려 주셔서 감사합니다.
고객이 찾는 사람이 없을 때	죄송합니다만, 지금 이곳에 계시지 않습니다. 혹시 오시면 메시지를 남겨 드릴까요?
혼선이 되거나 잘 안 들릴 경우	죄송합니다만, 혼선이 되었는지 잘 들리지 않습니다. 괜찮으시다면 다시한번 걸어 주시겠습니까?
전화가 잘못 걸려 온 경우	죄송합니다만, 전화를 잘못거신 것 같습니다. 여기는 ○○○호텔이고, 번호는 ○○○-○○○○번입니다. 다시한번 확인해 보시겠습니까?

다른 부서로 연결시킬 경우	죄송합니다만, 여기는 ○○입니다. 제가 ○○로 연결시켜 드리겠습니다. 혹시 연결 도중 끊어지면 ○○○○번으로 걸어 주십시오. 감사합니다.
전화를 끊을 때	전화 주셔서 감사합니다. 저는 ○○○였습니다.

〈통화상 호감화법〉

Inbound 인사말	• 안녕하십니까? (회사명)(부서명)(담당자)입니다. • 감사합니다. (회사명)(부서명)(담당자)입니다. • 정성을 다하겠습니다. (회사명)(담당자)입니다.
긍정일 때	• 네, 잘 알겠습니다. • 네, 그렇습니다. • 네, 저도 그렇게 생각합니다.
부정일 때	• 네, 그렇게 생각을 하셨군요. • 죄송합니다만, 저는 이렇게 말씀드리고자 합니다. • 죄송합니다. 그 부분은 이렇습니다.
맞장구 치는 법	• 아, 네. • 네, 그러시군요 • 그렇습니다.
거절시	• 정말 죄송합니다만, • 양해를 부탁드립니다.
부탁할 때	• 부탁 말씀을 드리겠습니다. • 부탁드리겠습니다.
사과할 때	• 불편을 드려 죄송합니다. • 뭐라고 사과를 드려야 할지 모르겠습니다.
기다리게 할 때	• 죄송합니다. 잠시만 기다려 주십시오.
되물을 때	• 죄송합니다만, 다시 한 번 말씀해 주시겠습니까?
겸양을 나타낼 때	• 네, 감사합니다. 더 열심히 하겠습니다.
담당부서가 다를 때	• 네, 장애처리 담당부서로 연결해 드리겠습니다. 잠시만 기다려 주십시오.
고마울 때	• 네, 감사합니다.(고맙습니다.)
분명하지 않을 때	• 죄송합니다만, 지금으로서는 확실치가 않습니다. • ……쯤이면 정확하리라 봅니다만, 지금은 정확치 않습니다. 죄송합니다.
끝인사	• 상담원 ○○○입니다. 감사합니다. • 상담원 ○○○입니다. 편히 오십시오.

〈전화의 첫인사(업장별)〉

GST	Good morning! ○○○ Hotel, May I Help you?
프론트	안녕하십니까? 프론트 데스크입니다. 무엇을 도와 드릴까요?
Bell	안녕하십니까? 벨 데스크입니다. 무엇을 도와 드릴까요?
하우스키핑	안녕하십니까? 하우스키핑입니다. 무엇을 도와 드릴까요?
현관	안녕하십니까? 현관입니다. 무엇을 도와 드릴까요?
Business Center	안녕하십니까? 비즈니스센터입니다. 무엇을 도와 드릴까요?
Concierge	안녕하십니까? 컨시어지입니다. 무엇을 도와 드릴까요?
뷔페식당	안녕하십니까? 뷔페식당입니다. 무엇을 도와 드릴까요?
BQT	안녕하십니까? 방켓입니다. 무엇을 도와 드릴까요?
룸서비스	Good morning! Room Service, May I help you?
관리부서	○○팀, ○○○입니다. 무엇을 도와 드릴까요?

4. 직장내 서비스 맨의 이미지 메이킹

1) 직장 내에서의 이미지 메이킹 필요성

직장은 인간의 삶을 실현하는 일의 터전이다. 그 터전에서 맡은 일을 제대로 수행하기 위해서는 그에 관련된 지식과 실무능력뿐만 아니라, 그 일을 합리적으로 수행해 내는 지혜와 남과 더불어 협력하여 이루어 내는 덕성, 즉 예절 또한 필요하다. 왜냐하면 예절을 통해서 직장에서 서로 간에 친밀하고 원만한 대인관계를 맺게 됨은 물론, 직장생활의 즐거움과 일하는 보람을 찾을 수 있기 때문이다. 직장생활에서 예절을 지키지 않는 사람은 직장 내에서 주위사람들로부터 소외되고 자신의 평가도 떨어지게 된다.

직장에서 근무하는 사람에게 있어서 직장은 인생의 활동무대이며, 직장생활에 의욕을 느낌으로서 삶의 보람을 가질 수 있다. 직장생활에서 서로 지켜야 할 예절이 지켜지지 않는다면 조직의 질서와 조화가 제대로 유지될 수 없을 뿐만 아니라, 직장생활이 즐거울 수 없게 되어 직장에 대한 애착심이 적어지고,

일에 대한 의욕도 상실되어 일의 능률도 떨어진다. 따라서 직장생활을 원활히 수행하기 위해서는 서로를 존중하는 말과 행동, 즉 예절이 필요하다.

❶ 예절은 협력의 토대이다.
❷ 예절을 지키지 않으면 인간관계가 나빠진다.
❸ 예절은 팀웍(teamwork)의 기초이다.
❹ 예절을 지키지 않으면 주위사람들로부터 외면당하게 된다.
❺ 예절을 지키지 않으면 자기평가가 떨어진다.
❻ 예절을 지키지 않으면 비협조적인 분위기로 인해서 일의 능률이 떨어진다.

2) 신입사원으로서 바람직한 자세

❶ 밝고 큰 소리로 내가 먼저 인사하는 것을 생활화하여 항상 좋은 이미지를 남기도록 노력한다.
❷ 직장의 모든 사람을 나의 고객이라 생각하고 밝은 마음과 밝은 표현으로 친절하게 대한다.
❸ 직장을 좋아하고, 자신의 일을 좋아하며 사람을 사랑하면서 매사를 지혜롭게 성실히 사명감을 가지고 근무한다.
❹ 용모는 단정하고, 마음가짐은 바르게 한다.
❺ 직원들의 이름을 많이 기억하는 것은 인간관계의 폭을 더 해 준다.
❻ 상사의 지시사항은 정확히 처리하고, 결과보고는 기한 내에 신속히 한다.
❼ 초면이라도 미소 띤 표정으로 대하여 상대방의 긴장된 마음을 풀어 준다.
❽ 일은 스스로 하고, 자신이 한 일과 행동에 책임을 지는 조직에 꼭 필요한 고객 감동형 일꾼이 되도록 노력한다.

3) 술자리 예절

❶ 경영방침이나 특정인물에 대하여 비판하지 않는다.
❷ 상사의 험담을 늘어놓지 않는다.

❸ 과음하거나 자기의 지식을 장황하게 늘어놓지 않는다.

❹ 술자리를 자기자랑이나 평상시 언동의 변명자리로 만들지 않는다.

❺ 연장자나 상사로부터 술을 받을 때는 두 손으로 받으며, 왼손을 가볍게 술잔에 댄다.

❻ 술을 따를 때는 술병의 글자가 위로 가게 오른손으로 잡고 왼손으로 받쳐 정중한 자세로 술을 권한다.

❼ 상사와 합석한 술자리는 근무의 연장이라 생각하고 예의바른 행동을 보인다.

4) 담배예절

❶ 요즘은 담배를 피우지 않는 사람들이 많아졌으므로 담배를 피울 때는 상대방에게 양해를 구하고 지정된 장소에서 피우는 것이 필요하다고 하겠다.

❷ 고객이나 상사가 주머니 이곳저곳을 찾고 있을 때는 여유를 주기 위해 불을 붙여 주는 것은 센스 있는 행동이다.

❸ 방문객을 맞이하였을 때에도 인사가 끝난 다음에 본론에 들어 간 후 피우는 것이 예의 바른 것이다.

❹ 담배를 사양하는 것은 예의에 어긋나지 않는다.

5) 근무의 기본태도

(1) 근무시간에 관한 사항

❶ 출 근

- 늦어도 근무시간 10분 전에 자리에 앉아서 마음의 준비를 한다.
- 만나는 직원마다 활기 있고 명랑하게 아침인사를 한다.
- 상사가 먼저 출근해 있으면 책상 앞에 가서 인사를 한다.
- 자리에 앉아 하루 일과에 대한 계획과 준비를 한다.

❷ 결 근

- 예정된 경우에는 조속히 상사나 동료에게 알리고, 전날 퇴근 시 인사를 잊지 않는다.
- 결근 다음날의 출근 시 동료나 상사에게 수고에 대한 감사와 귀임의 인사 표시를 한다.
- 돌발적인 결근의 경우에는 반드시 일과개시 전까지 전화 통지 한다.
- 결근 중의 소재지·연락처 등을 미리 알려 준다.
- 무단결근은 하지 않는 것을 철칙으로 한다.

❸ 휴 가

- 휴가 신청은 미리미리 하여 직원관리에 방해가 되지 않도록 한다.
- 휴가의 사유는 솔직하게 상사에게 설명한다.

❹ 지 각

- 지각은 하지 않는 것을 철칙으로 한다.
- 부득이하여 지각을 한 경우는 상사에게 사유를 설명하고 이해를 구한다.
- 몸이 아픈 경우 지각보다는 출근하여 조퇴를 하도록 한다.
- 귀실 후 즉시 상사에게 보고하고, 부재중의 수고에 대하여 동료에게 감사 표시를 한다.

❺ 퇴 근

- 맡은 바의 일을 완결한 후 퇴근한다.
- 주위의 정리 · 정돈을 마치고 퇴근한다.
- 업무가 끝나면 쓸데없이 기웃거리지 않는다.
- 퇴근 시에는 상사와 동료에게 인사를 나누고 퇴근한다.
- 시내 출장 중 바로 퇴근하는 경우에는 상사 또는 동료에게 전화로 보고 한 뒤 퇴근한다.

❻ 근무 중

- 근무에 열중한다.
- 자세를 단정히 하고, 의자는 앞으로 바싹 당겨서 앉는다.
- 업무와 관련 없는 책을 읽거나 사적인 일을 하지 않는다.
- 외출할 때에는 행선지 · 용건 · 소요시간 등을 반드시 알린다.
- 자리를 뜰 때에는 의자가 통행에 방해되지 않도록 한다.
- 서류 · 문서 등을 책상 위에 방치하지 않고 정돈한다.
- 타인의 업무에 방해가 되지 않도록 업무를 수행한다.
- 서류는 소중히 다루어야 한다.
- 사적인 전화는 삼가도록 한다.

❼ 고객응대

- 고객이 들어서면 일어나 "어서 오십시오"하고 정중히 인사한다.
- 사무를 보고 있는 중이라도 고객응대를 우선으로 한다.
- 고객의 용건이 무엇인가를 파악한 후 처리방법을 생각한다.
- 사무 처리의 예상시간을 예고하고, 시간이 많이 걸리면 양해를 구한다.
- 의뢰받은 용건이 처리되었음을 보고하고 결과를 설명한다.
- "이용해 주셔서 감사합니다.", "안녕히 가십시오."라고 감사의 표시를 전한다.

❽ 방문 고객응대

- 신원을 확인한 후 방문대상자에게 방문사실을 통보한다.
- 안내할 때에는 손님의 한쪽 편에서 두어 걸음 앞서서 안내한다.
- 방문 장소에 도착하면 방문객을 상석으로 안내한다.
- 오래 기다리게 할 경우에는 신문 등을 전하고 지루함이 없도록 배려한다.

(2) 상사에 대한 예절

❶ 상급자에 대한 호칭은 직급 명(과장, 대리 계장) 또는 직책 명(경리, 총

무, 관리)에 '님'을 붙여서 부른다.(부장님, 과장님, 총무부장님, 경리과장님)

❷ 상급자에 대한 말씨는 연령에 관계없이 '하십시오.'를 쓴다. 나이가 적은 상급자는 가정에서의 나이가 적은 '아저씨'와 같은 것이다. 아저씨가 자기보다 나이가 적더라도 존대하는 것과 같이 직장에서의 상급자도 연령은 고려하지 않는다.

❸ 대화에서의 어휘는 반드시 존대어휘를 골라서 쓴다. '과장에게 도시락을 주었더니 다 먹었다'는 보통어휘이고, '과장님에게 도시락을 드렸더니 다 잡수셨다'는 존대 어휘와 높임 말씨를 사용한 경우이다.

❹ 상급자가 자기를 알아보지 못하더라도 자기가 알면 인사한다. 인사란 선후나 상하가 없이 먼저 알아 본 사람이 하는 것이다.

❺ 어떤 경우라도 상급자보다 편한 자세를 취하지 않는다. 의자가 하나만 있으면 상급자를 앉게 하고, 의자가 여러 개라도 상급자가 먼저 앉은 다음에 하급자가 앉아야 한다.

❻ 상급자의 앞을 가로막아 서지 말고, 남자는 상급자의 좌측, 여자는 우측 앞으로 비켜선다.

❼ 상급자에게 뒷모습을 보이지 않는다. 부득이한 경우라도 2~3보 뒷걸음 친 다음에 돌아선다.

❽ 상급자를 인도할 때는 우측 2~3보 앞에서 하고, 상급자를 수행할 때도 우측의 뒤를 따른다. 상급자의 좌측 앞이나 뒤는 상급자보다 상좌가 되기 때문에 우측으로 서는 것이다.

❾ 어떤 경우라도 상급자가 상위의 위치에 앉거나 서지 않는다.

(3) 동료에 대한 예절

❶ 동료 간에는 서로 협동하고 감싸 주며 친절히 지내도록 한다.

❷ 신의를 우선으로 하고, 정보를 서루 나누도록 한다.

❸ 동료의 인격을 존중하고, 필요 없는 참견을 하지 않도록 한다.

❹ 회사 밖에서 되도록 많이 만나 토론이나 인생 상담 등을 나눈다.

❺ 친하다고 함부로 행동을 하거나 필요 없는 참견을 금하고, 질투나 심술을 부리지 않는다.
❻ 자기의견만 내세우지 말고 무슨 일이든지 의논하여 처리하도록 한다.
❼ 약속을 잘 지키며, 여러 가지 다른 입장의 동료를 이해한다.
❽ 좋은 라이벌로서 끝없는 교우관계가 되도록 신경을 쓴다.
❾ 원칙적으로 연령위주로 하되, 선후배관계를 고려하여 존중해야 한다.
❿ 호칭은 '선배님', '○○○씨', '형', '군' 이 남자에게 사용되고, '선배님', '○○○', '양'은 여자에게 사용된다. 상대가 듣기에 호감이 가는 호칭을 쓴다.

(4) 고객에 대한 예절

서비스자세의 기본은 몸가짐이다. 서 있을 때나 걸어 갈 때, 앉아 있을 때나 일할 때 항상 바르고 자연스러운 몸가짐을 가져야 한다. 단정하고 우아한 몸가짐을 가진 사람에게서 인품이 저절로 드러나 보이며, 몸가짐이 바르고 정중한 사람과 함께 생활하면 편안하고 안정감이 들게 마련이다.

"예절은 사람이 만든다."는 말과 같이 평소부터 올바른 몸가짐이 몸에 배면 서비스현장에서도 신선미를 지닌 훌륭한 서비스종사원으로 성장해 나갈 수 있을 것이다.

❶ 직장을 찾아오는 고객이나 찾아 가는 거래선에 대한 말씨는 높임 말씨로 하고, 어휘도 존대어휘를 골라서 쓴다.
❷ 상대가 누구인지를 모르거나 적당한 다른 호칭이 없을 때는 '손님'으로 부른다. 잘 아는 고객은 최대의 존대호칭을 사용한다.
❸ 고객의 직책 명을 알면 그것이 자기보다 하위직이라도 직책 명에 '님'을 붙여서 부른다. 언제든지 손님을 높여 예우하는 정신을 발휘한다.
❹ 자기의 직장이나 사무실을 찾아 온 고객에게는 불편이나 궁금증이나 기다림이 없도록 최대의 봉사와 안내 및 신속을 기한다.
❺ 손님을 자기보다 불편하게 모시지 않는다. 항상 손님을 상좌에 모신다.
❻ 손님을 기다리게 하거나, 궁금증을 갖게 하거나, 남에게 미루는 일이 없

게 한다. 손님이 자기를 만난 것을 다행으로 생각하게 응대해야 한다.

❼ 거래선에 갔을 때는 주인의 자리에 앉지 않는다. 상좌의 좌측이 주인·상급자의 자리이고, 상좌의 우측이 손님·하급자의 자리이다.

❽ 거래선 주인측이 권하지 않으면 편한 자세를 취하지 않는다. 비록 의자가 있더라도 주인이 권하지 않으면 앉지 않는다.

5. 서비스 맨의 자기 계발과 관리

성공한 사람들 대부분은 철저한 자기관리를 바탕으로 자신의 재능을 끊임없이 개발했다는 공통점이 있다. 특히 이들은 자신이 목표한 바를 이룰 때까지는 어떤 위기 상황에 부딪히더라도 끝까지 포기하지 않고 실천하는 인내력을 갖고 있다.

급변하는 환경 변화에 성공적인 서비스 맨이 되기 위해서는 외형적인 자기관리도 중요하겠으나 내면적 자기 계발과 관리에 철저한 사람이 되어야 한다. 그로 인해 미래의 내가 주도적인 삶의 자세로서 실제적인 변화를 이끌어 낼 수 있는 서비스 주체자가 되어야 하는 것이다. 이렇게 하기 위해서는 여러 분석을 통해 장점을 살리고 단점을 줄여나가는 학습법 등을 이용하는 것도 한 방법일 것이다. 이 때 목표를 세우는 것은 자신의 장점을 기반으로, 구체적인 경험을 통해 실행가능한 계획을 세우는 것이 중요하다.

또한 자기 감시와 통제를 하지 않으면 행여 고객과 분쟁이 일어날 소지가 생길 수도 있다. 자기 감시와 자기 통제가 미약하면 이런 일이 발생하는 것이다. 서비스 업에 종사하는 서비스 맨은 고객과 잦은 접촉을 하게 된다. 현장에서 고객과 접촉할 때는 정신없이 일하기 때문에 때로는 고객에게 소홀히 하는 경우도 있다. 서비스 맨은 이런 경우가 반복해서 일어나지 않도록 노트에 적어 차후 자기 관리에 힘써야 할 것이다.

마지막으로 성공적인 변화를 가능하게 하기 위해서는 솔직하고 신뢰할 만하며 자신을 뒷받침해줄 인간관계를 만들도록 노력해야 한다. 긍정적인 대인관계는 직장에서의 생산성을 향상시키고 서비스 맨에게도 중요한 성공 요건이 된다.

참고문헌

1. 국내 참고문헌

권혁률. 「관광서비스론」, 현학사, 2000.

금한나. 「이미지와 국제」 매너, 한올, 2007.

김근종. 「서비스 이해」, 새로미, 2008.

김근종. 「성공하는 사람은 매너가 다르다」, 한올출판사, 1999.

김동승. 「비즈니스맨을 위한 국제매너」, 백산출판사, 2005.

김병관. 매너가 경쟁력이다, 동아일보, 1999.

김세환. 「친절과 에티켓」, 학문사, 2003.

김영준. 「면접 매너 실무스쿨」, 대왕사, 2001.

김영준, 김숙희. 「글로벌 비즈니스 에티켓」, 새로미, 2008.

김왕상. 「관광서비스경영론」, 대왕사, 2001.

김은영. 「이미지메이킹」, 김영사, 1991.

김창훈. 「국제 예절과 생활 에티켓」, 샘터, 2000.

김한권. 성공하는 직장인의 53가지 예절, 조선일보사, 1995.

이승훈 매너 아카데미. 매너 컨설턴트 양성 과정, 2006.

이영아. 「여성의 매너」, 원음사, 2000.

미래 서비스 아카데미. 「서비스 매너」, 새로미, 2006.

박은주. 「현대인을 위한 국제매너」, 김영사, 1995.

박영택. 공공행정부문 Single PPM 품질혁신, Single PPM 품질혁신추진본부, 2000.

박영택. 「품질경영」, 2000.

박종원, 「직장예절」, 학현사, 1999.

박혜정. 「서비스 맨의 이미지메이킹」, 백산출판사, 2007.

서광모드. 「비즈니스 에티켓」.1997.

서성희, 박혜정. 「멋진 커리어우먼 스튜어디스」, 백산출판사, 2005.

신우성. 「관광서비스」, 백산출판사, 2007.

에버랜드. 「서비스 리더십」, 21세기 북스. 2002.

원석희. 「서비스 운영관리」, 형설출판사, 2002.

원석희. 「서비스품질경영」, 형설출판사, 1998.

이선희, 김근종. 「관광서비스」, 백산출판사, 2006.
이웅규, 문홍규, 김은희, 박기만. 「예절과서비스」, 대왕사, 2007.
이유재. 「서비스마케팅」, 학현사, 2001.
이정학. 「서비스경영」, 기문사, 2001.
이형철. 「글로벌 에티켓」, 에디터, 1999.
정주영. 「서비스 예절」, 학문사, 2000.
채서묵. 「관광 서비스론」, 대왕사, 1995.
최동열. 「관광서비스」, 기문사, 2001.
최기종. 「매너와 이미지메이킹」, 백산출판사, 2008.
한영권. 「관광서비스경영실무」, 미학사, 2007.
한치규. 「고객만족전략과 실천」, 신세대, 1993.
허순득. 「생활 속의 이미지 연출」, 형설출판사, 2004.

2. 국외 참고문헌

Andersen, A. R., "A Taxanomy of Consumer Satisfaction / Dissatisfaction Measure," Journal of Consumer Affairs, No. II(Summer), 1972.

Bessom, R., "Unique Aspects of Marketing of Services," Arizona Business Bulletine. November.1973.

Berry, L., "Evaluating Service Encounters : The Effects of Physical Surrounding and Employee Responses," *Journal of Marketing*. Vol. 54, April. 1990.

Buttle., *Customer Relationship Management*. 1993

Chase, R. B., "Where does the Customer Fit in a Services Operation?" *Harvard Business Review*, November-December. 1978.

Chuck, Y. G., James C. M., and Dexter Choy, J. L., *The Travel Industry*, Van Nostrand Reinhold. 1989.

Gummeson, E., *Marketing-A Long-term Interactive Relationship. Contribution to a New Marketing Theory*. Stockholm, Sweden, Marketing Technology Center. 1987.

Holly, B. and David, K., *Service Craft-food and Beverage*, Macmillan Education LTD. 1990.

Hotel & Restaurant. 2001.

Jan, C., *Moment of Truth*, Ballinger, Cambridge, Mass. 1987.

Knutson, B. and Patton, M., "Restaurant can Find Gold among Silver Hair: opportunities in the 55+Marker", *Journal of Hospitality and Leisure Marketing*, Vol. No 3. 1993.

Kotler, P., *Marketing Management*. 6th ed., Prentice-Hall. 1988.

Lehtinen, U. and Lehtinen, J., *Service Quality : A Study of Quality Dimentions*. Research Report, Helsinki, Finland, Service Management Institute. 1982

Lovelock, C. H., *Service Marketing*, 2nd ed, Englewood Cliffs, N, J: Prentice-Hall. 1991.

Mark, E. P., *Dancing Service*, 가산출판사. 2001.

Medrick, S., *The Business of Hotel*, Heinemann, London. 1980.

Morris, B. and Robert, J., "Dealing with Inherent Variability: The Difference between Manufacturing and Service," *International Journal of Production Management*. 1987.

Orentha, D. S., Service Etiquette. 1977.

Reagan, W., "The Service Revolution", *Journal of marketing*, July. 1963.

Richard, N., *Service Management*, John Wiley & Sons, New York. 1984.

Richard, T., Luiz, M. and Neil, M., *Managing and Marketing Services in the 1990s,* Cassell Educational Limited Villiers House. 1990.

Robert, W. L., *Customer Service* : Building Successful Skills for the Twenty-First Century. 2000

Sasser, W. E., Olsen, R. P. and Wyckoff, D. D., *Management of Service Operations*, Allyn and Bacon. 1978.

Shostack, G. L., "Breaking Free from Product marketing," *Journal of Marketing*, 41(April). 1977.

Shostack, G. L., "Designing Services That Deliver," *Harvard Business Review*. January-February. 1984.

Shostack, G. L., "Service Blueprints Help to Iron Out System Design Flaws Before Front Liners Take the Fall" *The Service Edge*. July- August. 1990.

The Cornell Quarterly, Nov. 1988.

TTI International Ltd., Scottsdale, Arizona.

Zeithaml, V., Bitner, M., and Dwayne. D. G., *Service Marketing*. 2000.

Zeithaml, V., and Bitner, M., *Service Marketing*, Mcgraw-Hill, Singapore. 1998.

저자약력

- **이향정**

경희대학교 관광경영학과 경영학석사
경희대학교 호텔관광학과 관광학박사
현) 백석문화대학교 관광학부 학부장
전) 대한한공 객실승무부 선임사무장
대한항공 객실훈련원 서비스 및 방송강사
경희대학교 호텔관광대학 출강
저서) 항공업무론, 관광예절서비스

- **강미라**

서강대학교 경영학과 경영학박사
현) 백석예술대학교 관광학부 교수
전) 대한한공 객실승무부 근무
서강대학교 경영학과 출강

서비스와 이미지메이킹

2009년 2월 25일 초판 1쇄 발행
2012년 9월 10일 초판 3쇄 발행

저 자 이 향 정
강 미 라
발행인 寅製 진 욱 상

저자와의 합의하에 인지첩부 생략

발행처 백산출판사
서울시 성북구 정릉3동 653-40
등록 : 1974. 1. 9. 제 1-72호
전화 : 914-1621, 917-6240
FAX : 912-4438
http://www.ibaeksan.kr
editbsp@naver.com

값 20,000원
ISBN 978-89-6183-180-2